초등 과학 진짜 문해력

3-2

창비

초등 과학 진짜 문해력

3-2

아꿈선
교수학습자료
개발연구소

창비

과학으로 세상을 보는 눈을 키워 갈 아이들을 위해

최근 매체나 뉴스에서 '문해력'이라는 단어를 많이 보았을 것입니다. 요즘 아이들이 글자를 읽을 줄은 알지만, 그 글자들이 결합되어 만들어진 문장이나 글은 이해하기 어려워한다는 내용이었을 테지요. 쉽고 짧은 글도 제대로 읽어 내지 못하는 아이들에게 과학이라니, 마음이 무거워집니다. 그렇다고 손 놓고 있을 수는 없겠지요. 지식 교과인 과학을 이해하는 능력인 '과학 문해력'은 아이들의 향후 학습에 많은 영향을 주기 때문입니다.

『초등 과학 진짜 문해력』은 과학 개념어를 바탕으로 과학 문해력을 효과적으로 길러 줍니다. 먼저 이 책은 새롭게 만들어진 검정 교과서 초등 과학 7종에 수록된 핵심 개념어를 알차게 담고 있습니다. 이렇게 익힌 과학 개념어는 수학 능력 시험까지 이어집니다. 당장 이해하기 어렵다고 미루기보다는 초등 과정부터 차근차근 익혀 나가는 것이 중요하겠지요.

여기에 더해 이 책은 자세한 설명과 친절한 이미지 자료로 아이들의 이해를 돕습니다. 학습 만화와 동화에 익숙한 아이들의 수준에 맞춰 적절한 읽기 분량을 제시하는 것은 물론이고, 완결성 높은 좋은 글을 통해 자신의 생각을 기르도록 합니다. 또 아이들이 주변에서 쉽게 만날 수 있는 과학적 사실과 원리를 예로 들며 호기심을 자극하고, 생활 속 재료로 실험을 할 수 있게 하여 흥미 역시 높였습니다. 이를 통해 아이들은 과학적 원리를 직접 추론하고 이해할 수 있을 것입니다. 이 책으로 우리 아이들의 과학 문해력이 높아지고 세상을 보는 눈이 넓어지기를 바랍니다.

차 례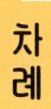

머리말 • 5

1. 재미있는 나의 탐구

한눈에 읽는 개념 지도 탐구 • 12

탐구 • 14
탐구 계획 • 18
탐구 실행 • 23

탐구 문제 • 16
변인 통제 • 21
탐구 결과 • 25

문해력 튼튼 레디의 실험 • 28
과학자의 탐구 생활 침팬지의 친구, 제인 구달 • 30

2. 동물의 생활

한눈에 읽는 개념 지도 동물의 생활 • 34

동물 • 36
척추의 유무에 따른 분류 • 40
동물의 다리 • 46
서식지 • 50
물에 사는 동물 • 56
동물의 먹이 • 61
육식 동물 • 66
동물의 특징과 우리 생활 • 71

동물의 생김새 • 38
날개가 있는 동물 • 43
체형에 따른 분류 • 48
땅에 사는 동물 • 52
하늘을 나는 동물 • 59
초식 동물 • 63
잡식 동물 • 69

문해력 튼튼 '세계 최고'만을 담은 기네스북 • 74
방구석 실험실 알쏭달쏭 동물 분류하기 • 76

3. 지표의 변화

한눈에 읽는 개념 지도 지표의 변화 • 80

지표 • 82
운반 작용 • 86
침식 작용 • 90
해식 절벽 • 94
모래 해변 • 99
풍화 작용 • 104
화학적 풍화 작용 • 108

흐르는 물에 의한 지표 변화 • 84
퇴적 작용 • 88
해수에 의한 지형 • 92
갯벌 • 96
흙의 생성과 종류 • 102
기계적 풍화 작용 • 106

문해력 튼튼 밤섬의 비밀 • 110
방구석 실험실 얼음 설탕을 가루로 만들기 • 112

4. 물질의 상태

한눈에 읽는 개념 지도 물질의 상태 • 116

물질 • 118
액체 • 121
기체 • 126
물질의 무게 • 132

고체 • 119
표면 장력 • 123
녹는점(어는점), 끓는점 • 128
물질의 부피 • 135

문해력 튼튼 세상에서 가장 가벼운 고체 • 138
방구석 실험실 소금과 얼음으로 아이스바 만들기 • 140

5. 소리의 성질

한눈에 읽는 개념 지도 소리의 성질 • 144

소리 • 146   소리의 진동 • 148
매질 • 150   종파와 횡파 • 153
소리의 전달 • 155   소리의 3요소 • 157
소리의 높낮이 • 159   소리의 세기 • 162
음색 • 165   소리의 반사와 흡수 • 167
방음 • 169

문해력 튼튼 우주에서도 소리를 들을 수 있을까? • 172
방구석 실험실 유리잔으로 아름다운 소리 내기 • 174

한 문장 정리 모아 보기 • 178

재미있는 나의 탐구

'어? 이건 왜 이럴까?' 생각한 적이 있나요? 그 궁금증을 해결하려 노력한 적은 있나요? 과학적인 방법으로 우리 주변에서 벌어지는 문제를 해결할 수 있어요. 그러려면 어떤 단계를 거치고 무엇을 주의해야 하는지 배워 볼까요?

한눈에 읽는 개념 지도

탐구

가장 빠른 동물 중 하나인 치타와 씽씽 빠르게 달리는 자동차 중에서 무엇이 더 빠를까요? 얼음, 얼린 콜라, 얼린 주스를 동시에 녹이면 어느 것이 가장 빨리 녹을까요?

이처럼 누구나 살아가면서 궁금한 것이 생길 수 있어요. 사소한 궁금증도 있고 복잡한 문제도 있을 거예요. 우리는 궁금증을 해결하려고 책이나 인터넷을 찾아보기도 하고, 선생님이나 친구에게 질문하기도 하지요. 혼자 곰곰이 생각에 잠기기도 할 거예요. 그렇게 해서 해결되는 문제도 있고, 해결되지 않는 어려운 문제도 있겠지요. 이렇게 궁금한 것을 해결하기 위해 자세히 살피고 연구하는 것을 '탐구'라고 해요.

　탐구 문제를 해결하려면 계획을 세우고 실험을 통해 관찰하거나 확인해야 해요. 또한 내 생각뿐만 아니라 다른 사람의 생각도 참고하여 판단해야 하고요. 실험 결과가 내가 생각했던 것과 다르게 나오더라도 있는 그대로 받아들이고, 왜 그렇게 되었는지 생각해 봐야겠지요?

 한 문장 정리

궁금증을 해결하기 위해 살피고 연구하는 것을　ㅌ　ㄱ　라고 해요.

탐구 문제

과학자들은 각자 가지고 있는 궁금증을 탐구를 통해 해결해요. 그 과정에서 새로운 발견도 하고, 법칙도 발견하지요. 그렇다면 과학자처럼 탐구하기 위해서는 어떻게 해야 할까요?

탐구를 하기 위해서 가장 처음 해야 할 일은 탐구 문제를 설정하는 거예요. 평소에 생긴 궁금증을 과학적으로 정리한 것이 '탐구 문제'예요. 탐구 문제를 정할 때 몇 가지 주의해야 할 점이 있어요. 첫째, 탐구 문제는 관찰이나 실험으로 해결할 수 있어야 해요. 둘째, 정해진 시간 안에 해결할 수 있어야 해요. 시간이 많아도 해결하지 못하는 문제라면 탐구 문제로 적절하지 않아요. 셋째, 적절한 수준이어야 해요. 과학자라면 과학자의 수준에 맞게, 초등학생이라면 초등학생의 수준에 맞게 탐구 문제를 정하는 것이 좋아요.

'얼음, 얼린 콜라, 얼린 주스 중 어느 것이 가장 빨리 녹을까?'는 세 친구들이 탐구할 문제로 적절해요. 실험을 통해서 해결할 수 있는 데다 많은 시간이 걸리지 않고 초등학생에게 알맞은 수준이기 때문이에요. 하지만 '주스와 콜라, 물 중에 무엇이 가장 맛있는가?'처럼 사람마다 생각이 달라서 과학적인 방법으로 해결할 수 없는 문제는 탐구 문제로 *적합하지 않아요.

★ **적합하다** 어떤 일에 꼭 어울리고 알맞다는 뜻이에요.

 한 문장 정리

탐구 문제는 관찰이나 ㅅ ㅎ 을 통해 해결할 수 있는 문제여야 하고, 정해진 시간 안에 해결 가능해야 하며, 탐구자의 수준에 맞는 것이어야 해요.

탐구 계획

　궁금한 점을 바탕으로 탐구 문제를 정했다면 다음으로는 탐구 계획을 세워야 해요. '탐구 계획'은 탐구를 실행하기 전에 탐구에 대하여 생각해 보는 단계예요.

　탐구 계획을 세우기 위해서는 먼저 탐구 문제를 해결하려면 어떻게 해야 할지 생각해야 해요. 세 친구가 '얼음, 얼린 콜라, 얼린 주스 중에서 무엇이 가장 빨리 녹을까?'라는 탐구 문제를 정했지요? 이 문제를 해결하려면 얼음, 얼린 콜라, 얼린 주스를 동시에 녹여 봐야겠지요. 이렇게 탐구 문제를 해결할 방법을 정했다면 구체적인 계획을 세워요.

탐구 계획	
탐구 문제	얼음, 얼린 콜라, 얼린 주스 중 어느 것이 가장 빨리 녹을까?
탐구 문제를 해결할 방법	다르게 해야 할 것 음료의 종류 같게 해야 할 것 녹이기 시작한 장소와 시간 확인해야 하는 것 각 음료가 녹는 데 걸리는 시간
탐구 순서	1. 콜라와 주스, 물을 같은 얼음 틀에 얼린다. 2. 같은 장소와 시간에 얼음, 얼린 콜라, 얼린 주스를 쟁반에 올려놓고 녹이기 시작한다. 3 초시계를 사용해 각각이 다 녹는 데 걸리는 시간을 측정한다. 4. 실험 결과를 정리한다.
준비물	물, 콜라, 주스, 얼음 틀, 초시계, 쟁반, 냉동고
예상하는 결과	주스, 콜라, 물의 순서로 녹을 것 같다.

탐구 계획에는 탐구 문제, 탐구 문제를 해결할 방법과 함께 탐구 순서, 준비물, 예상하는 결과를 정리해서 적어요. 탐구 순서에는 문제를 해결하기 위해 실험이나 관찰을 할 때 어떤 순서로 진행할지 적어요. 준비물에는 실험이나 관찰에 필요한 실험 기구나 관찰 기구를 적으

면 돼요. 예상하는 결과에는 실험이나 관찰 전에 그 결과가 어떻게 나올지 내가 생각했던 내용을 적어요. 예상하는 결과는 실제 결과와 다를 수 있어요.

 한 문장 정리

탐구를 실행하기 전에 탐구에 대해 생각해 보는 단계를 탐구 ㄱ ㅎ 이라고 해요.

변인 통제

 '얼음, 얼린 콜라, 얼린 주스 중 어느 것이 가장 빨리 녹을까?'라는 탐구 문제를 해결하기 위해서 얼음, 얼린 콜라, 얼린 주스를 동시에 녹이기로 탐구 계획을 세웠어요. 그렇다면 실험을 진행하기 전에 어떤 점을 확인해야 할까요?

 얼음, 얼린 콜라, 얼린 주스를 녹일 때 같게 해 주어야 할 점이 있어요. 탐구 문제가 '어느 종류의 음료가 가장 빨리 녹을까?'였기 때문에 얼릴 음료의 양, 얼렸을 때의 모양이나 크기가 같아야겠지요. 음료의 양을 다르게 해서 얼리거나 얼린 모양이나 크기가 다르다면 같은 음료라도 녹는 시간이 달라질 테니까요. 녹이는 장소나 녹이기 시작하는 시간도 모두 같게 해 주어야 해요.

　반대로 얼리는 음료의 종류는 다르게 해 주어야겠지요? 얼리는 음료의 종류가 달라야 탐구 문제에 대한 알맞은 결과를 얻을 수 있으니까요. 이렇게 실험에서 같게 해 주어야 하는 점과 다르게 해 주어야 하는 점을 조절하는 것을 '변인 통제'라고 해요.

👉 **한 문장 정리**

 는 실험에서 같게 해 주거나 다르게 해 줄 점을 조절하는 것이에요.

탐구 실행

　세 친구가 탐구 계획을 실행하려고 해요. 이러한 단계를 '탐구 실행'이라고 해요. 탐구 실행은 준비물을 준비하며 시작되어요. 실험에 필요한 준비물 이외에 메모하거나 결과를 정리할 수 있는 기록장도 같이 준비해요. 실험 결과를 기록장에 어떤 형식으로 정리할지도 미리 생각해 두어야 하고요. 탐구를 실행할 때는 과정과 예상되는 결과를 생각하면서 관찰해요. 스마트폰 등을 이용해서 탐구 과정을 촬영해 두면 결과를 확인할 때 자료로 활용할 수 있어 좋아요.

본격적으로 탐구를 시작하기 전에는 안전을 위해 유의할 점을 생각해요. 불을 다루는 경우 소화기가 어디에 있는지 확인하고, 유리를 다루는 경우 깨지지 않게 조심해야 해요. 위험한 물질을 다루는 경우 반드시 실험복과 보안경을 착용하세요. 친구들과 같이 실험한다면 서로 부딪치지 않도록 주의하고요. 이 밖에 주의해야 할 것이 더 있는지 꼼꼼히 점검해요.

'얼음, 얼린 콜라, 얼린 주스 중 어느 것이 가장 빨리 녹을까?'라는 탐구를 실행할 때 얼음을 손으로 만지거나 옆 사람과 이야기를 나누면서 침이 튀게 하는 행동 등은 정확한 실험 결과를 얻는 데 방해가 될 수 있으므로 주의해야 해요. 또 세운 탐구 계획대로 실험이 잘 되고 있는지, 변인 통제가 잘 이루어지고 있는지도 중간중간 확인하면 문제가 생길 가능성이 줄어들겠지요?

> 한 문장 정리

ⓣ ⓖ ⓢ ⓗ 은 앞에서 세운 탐구 계획을 직접 실행에 옮기는 단계예요.

탐구 결과

 탐구가 끝난 뒤에는 탐구 결과를 정리해야겠지요. 대부분의 과학적 탐구는 표로 정리하는 것이 좋아요. 하지만 현상을 관찰한 탐구 결과 등 표로 정리하기 어려운 경우에는 글로 써도 좋아요.

 탐구를 하다 보면 예상한 것과 다른 결과가 나오는 경우도 있어요. 그렇더라도 결과를 그대로 정리하고 왜 그런 결과가 나왔는지 생각해 보아요. 탐구 과정에서 문제점이 있지는 않았는지, 탐구하여 알게 된 것이 탐구 문제에 대한 답이 되었는지 판단해요. 또 탐구 결과를 적을 때는 직접 관찰한 내용과 관찰을 바탕으로 추리한 내용을 구분해서 적는 것이 좋아요.

'얼음, 얼린 콜라, 얼린 주스 중 어느 것이 빨리 녹을까?'라는 탐구의 결과는 다음과 같은 형식의 표로 만들 수 있어요. 표를 만들면 결과를 한눈에 파악할 수 있어 비교하기 좋지요.

	얼음	얼린 콜라	얼린 주스
녹는 데 걸린 시간 (1차)			
녹는 데 걸린 시간 (2차)			
녹는 데 걸린 시간 (3차)			

 탐구 결과를 정리한 뒤에 자료를 만들어 발표하는 경우도 있어요. 발표 자료는 다른 사람들이 이해하기 쉽게 만드는 것이 좋겠지요? 발표 자료에는 탐구 문제, 탐구한 사람, 탐구한 때와 장소, 준비물, 탐구 순서, 탐구 결과, 탐구를 하여 알게 된 것 등을 담아요.

탐구 결과를 발표할 때 친구들의 질문에 대답하는 시간을 갖기도 해요. 발표를 듣는 친구들은 발표 내용을 주의 깊게 듣고 탐구 내용과 관련하여 궁금한 점을 질문하면 되고, 발표한 친구는 적절한 답을 하면 된답니다.

한 문장 정리

 를 정리할 때는 관찰한 내용을 그대로 기록해야 해요.

레디의 실험

　1665년 이탈리아의 의사 프란체스코 레디는 모든 생물은 생물에서 발생한다는 '생물 속생설'을 주장했어요. 그렇다면 그 이전의 사람들은 생물이 어떻게 생겨난다고 생각했을까요? 대부분의 사람들은 벌레가 땅에서 저절로 생긴다고 생각했어요. 레디는 이러한 생각이 잘못되었고 생물은 생물에서만 태어난다는 것을 증명하기 위해 한 가지 실험을 했어요.

　먼저 병 두 개를 준비하여 고기를 넣어요. 한 병은 뚜껑을 덮지 않은 상태로 두고, 다른 한 병은 뚜껑을 덮어 완전히 막은 상태로 두고 며칠간 기다려요.

뚜껑을 덮지 않은 병에는 파리가 드나들었어요.

며칠 후 각 병에서는 무슨 일이 일어났을까요? 시간이 지나 두 고깃덩이가 모두 부패했고 뚜껑을 덮지 않은 병에서는 파리의 애벌레인 구더기가 발생했으나 뚜껑을 덮은 병에서는 구더기가 발생하지 않았어요. 이 실험 결과로 구더기가 고기에서 저절로 나오는 것이 아니라, 파리에서 나오는 것임을 증명할 수 있었지요.

　레디는 오랜 세월 동안 누구도 증명하지 못한 것을 간단한 변인 통제 실험으로 증명했어요. 21세기를 살아가는 우리에게는 당연하게 느껴지는 사실이지만 17세기에는 모든 사람의 생각을 바꿀 만큼 위대한 발견이었지요. 꼭 어려운 실험만이 대단한 것은 아니랍니다.

- 이 실험에서 두 개의 병에 똑같이 해 준 것과 다르게 해 준 것은 무엇일까요? <보기>에서 골라 써 넣어 봅시다.

> **보기**
> 고기의 크기, 뚜껑, 처음 고기의 상태, 온도, 병의 크기

똑같이 해 준 것	
다르게 해 준 것	

🔍 과학자의 탐구 생활

침팬지의 친구, 제인 구달

　지구에 사는 많은 동물 가운데 인간과 가장 가까운 동물은 무엇일까요? 기준에 따라 여러 대답이 나올 수 있겠지만, 공통 조상이 있다는 면에서는 침팬지를 떠올릴 수 있어요. 이 침팬지에 대해서 연구한 과학자가 있어요. 바로 제인 구달이에요.

　제인 구달은 1934년 영국에서 태어났어요. 어릴 때부터 야외 활동과 동물을 좋아했던 제인 구달은 1957년에 유명한 고인류학자 루이스 리키를 만났어요. 그는 대학을 다니지 않았던 제인 구달이 열린 마음으로 침팬지를 연구할 수 있을 것이라고 기대하고 그녀를 탄자니아의 곰베로 보냈어요.

　제인 구달은 침팬지를 연구하기 위해 숲으로 직접 들어갔어요. 처음에는 견디기 힘든 정글에 들어가서 연구한다고 비웃음당하기도 했고, 침팬지가 다가오지 않아 연구하는 데 어려움을 겪기도 했어요. 하지만 포기하지 않고 기다린 끝에 침팬지 무리가 그녀를 받아들이게 되었어요.

▲ 제인의 캠프에 와서 바나나를 훔치고 제인이 자신을 만질 수 있게 허락한 데이비드 그레이비어드

　어느 날 제인 구달은 흰개미를 얻기 위해 뻣뻣한

풀잎을 흰개미 구멍에 집어넣는 침팬지를 발견했어요. 정말 놀라운 발견이었어요. 이 연구로 인간이 된다는 것의 의미를 다시 정의하게 되었거든요. 그전까지는 도구를 만들어 사용한다는 것이 인간을 정의하는 특징이었어요.

제인 구달은 20년 동안 연구하면서 침팬지가 잡식 동물로, 사냥을 하며 고기를 즐긴다는 사실을 알아냈습니다. 또 서열이 확실하고, 폭력성이 있다는 사실도 알아냈어요. 이러한 연구로 침팬지의 생태와 특성을 자세히 알게 되었지요.

제인 구달은 침팬지가 살아가는 자연환경이 오염되고 파괴되는 것에도 많은 관심을 가졌어요. 그래서 현재는 환경 보호 운동가로 전 세계를 다니며 사람들에게 환경의 소중함을 알리고 있답니다.

> 내가 할 수 있는 최소한의 일은 스스로 말할 수 없는 이들을 위해 목소리를 내는 것입니다.

2

동물의 생활

여러분은 어디에 살고 무엇을 먹나요? 또 어떤 특징이 있나요? 대답은 각자 다를 거예요. 자연 속에서 살아가는 다른 동물들도 마찬가지랍니다. 동물들이 어느 곳에서 사는지, 어떻게 생겼는지, 주로 무엇을 먹는지 살펴볼까요?

동물

 식물은 제자리에서 물과 햇빛을 공급받지만 동물은 이동하면서 먹이를 찾아요. 동물은 먹이를 먹고 필요한 부분은 흡수하고 필요 없는 부분은 똥이나 오줌으로 배출해요. 그래서 동물에게는 먹이를 소화시키는 소화 기관과 필요 없는 것을 몸 밖으로 배출하는 배설 기관이 있어요. 또한 변화를 감지하는 감각 기관과 피를 통해 온몸에 양분을 제공하는 순환 기관, 숨 쉴 때 필요한 호흡 기관, 여러 자극을 전달하는 신경계가 있어요.

 현재 지구상에는 약 1,000,000종의 동물이 있어요. 수많은 동물은 여러 기준으로 나누어 볼 수 있지요. 지금부터 생김새와 서식지, 먹이를 기준으로 동물들을 살펴볼게요. 먼저 두 동물을 만나 볼까요?

 대왕 고래는 지구상에서 제일 큰 동물이에요. 흰긴수염고래나 청고

에헴, 너 내가 누군지 알아? 지구에서 제일 큰 동물인 대왕고래야!

래라고도 하지요. 길이가 약 30m까지 자라고 몸무게는 150,000kg까지 나가는 엄청나게 큰 동물이에요. 반대로 벼룩은 길이가 2~4mm밖에 안 되는 아주 작은 동물이에요. 크기는 작지만 몸속에 필요한 기관은 다 있답니다. 벼룩의 크기와 관련한 속담도 있어요. 그중 '벼룩도 낯짝이 있다'는 속담은 매우 작은 벼룩조차도 낯짝, 즉 체면이 있는데 하물며 사람이 체면이 없어서야 되겠냐는 뜻이지요.

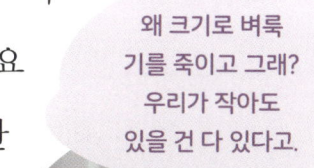

왜 크기로 벼룩기를 죽이고 그래? 우리가 작아도 있을 건 다 있다고.

한 문장 정리

동물은 ㅇ ㄷ 을 하면서 먹이를 찾아요.

동물의 생김새

동물은 종류가 다양한 만큼 생김새도 다양해요. 다른 동물은 갖고 있지 않은 부분을 가진 동물도 있고, 같은 신체 부분을 가지고 있어도 그 개수가 다른 동물도 많아요. 예를 들어 물고기는 다른 동물들에게는 없는 아가미가 있고 뱀은 귀와 다리가 없지요. 다리가 두 개인 동물도 있지만 네 개나 여섯 개인 동물도 있어요.

동물은 보통 사는 곳의 환경에 적합한 생김새를 가지고 있어요. 대부분의 동물은 환경이나 천적으로부터 살아남는 것이 제일 중요한 목표이기 때문에 생존에 유리하도록 변화한 것이지요. 추운 지방에 사는 동물은 추위

난 다리는 없지만, 몸통의 근육을 이용해서 잘 다니고 있어.

를 견디기 위해 몸에 두꺼운 지방층이 있는 경우가 많아요. 반대로 더운 지역에 사는 동물은 대체로 수분을 저장하고 열을 방출하기 좋은 생김새를 지니고 있어요. 같은 여우지만 북극여우는 두꺼운 지방층을 가지고 있으며, 귀가 작아 열이 적게 방출돼요. 사막여우는 큰 귀로 열을 많이 방출하면서 더위를 견디지요.

▲ 북극여우

▲ 사막여우

크든 작든, 우리 둘 다 귀가 매력 포인트인 거, 인정?

👉 한 문장 정리

동물들은 사는 곳의 ㅎ ㄱ 에 적합한 생김새를 가지고 있어요.

척추의 유무에 따른 분류

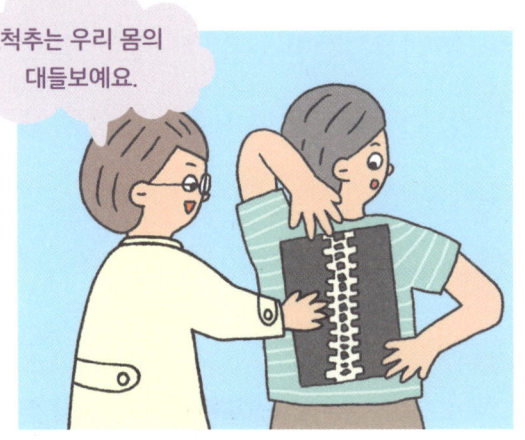

척추는 우리 몸의 대들보예요.

여러분은 앉아 있을 때 척추를 바로 세우라는 말을 들어 본 적이 있나요? '척추'는 동물의 목, 등, 허리, 엉덩이, 꼬리까지 이어지는 뼈들을 말해요. 건물의 기둥처럼 몸의 중심을 잡아 주는 역할을 하지요.

척추가 있는 '척추동물'에는 포유류, 조류, 파충류, 양서류, 어류가 있어요. 사람이나 고래와 같은 포유류는 새끼를 낳는 동물로, 환경이 변해도 몸의 온도를 일정하게 유지하려는 특징이 있어요. 닭이나 참새와 같은 조류는 몸이 깃털로 덮여 있으며 알을 낳아요. 뱀이나 악어 같은 파충류도 알을 낳아요. 파충류

▲ 고래

는 주변의 온도가 오르면 몸의 온도도 같이 오르고 주변의 온도가 내려가면 몸의 온도도 내려가요. 개구리 같은 양서류는 새끼 때는 아가미로 호흡하지만 *성체 때는 폐와 피부로 호흡해요. 붕어나 상어 같은 어류는 알을 낳고 아가미로 호흡해요.

▲ 참새

▲ 악어

▲ 개구리

▲ 붕어

척추가 없는 '무척추동물'은 전체 동물의 97%를 차지할 정도로 많고 종류도 다양하지요. 몸의 모양, 번식 방

✱ 성체 다 자라서 생식 능력이 있는 동물, 또는 그런 몸을 말해요.

법, 생활 방식에 따라 불가사리 같은 극피동물, 거미 같은 절지동물, 지렁이 같은 환형동물, 해파리 같은 자포동물, 플라나리아 같은 편형동물, 오징어 같은 연체동물로 나누어요.

▲ 불가사리　　　　▲ 지렁이

▲ 해파리　　　　　▲ 오징어

 한 문장 정리

척추가 있는 동물을 척추 동물, 없는 동물을 ㅁ ㅊ ㅊ 동물이라고 해요.

날개가 있는 동물

동물 중에는 날개가 있는 동물도 있어요. 독수리처럼 주로 높은 하늘을 나는 동물도 있지만, 나비처럼 높이 날지 않는 동물도 있지요. 하지만 날개가 있는 동물들이 모두 나는 것은 아니에요. 날개가 있어도 날지 못하는 대표적인 동물로는 펭귄, 닭 등이 있어요.

펭귄은 잠수하는 데 날개를 사용해요. 과거에는 펭귄도 날 수 있었지만 나는 것을 포기하고 물속에서 잘 움직이는 쪽으로 진화했다는 이야기가 있어요. 다른 설로는 펭귄이 사는 곳에 펭귄의 천적이 없어서 굳이 날지 않아도 되므로 나는 능력이 없어졌다는 이야기도 있지요.

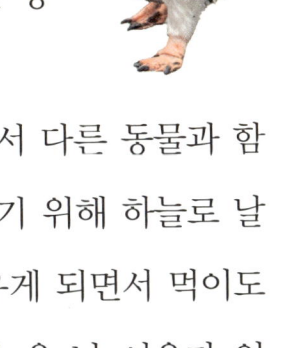

어디, 잠수 좀 해 볼까? 하나, 둘, 셋…!

닭은 원래 숲이나 들판 같은 야생에서 다른 동물과 함께 살았어요. 그때는 적에게서 도망치기 위해 하늘로 날기도 했지요. 하지만 사람이 닭을 키우게 되면서 먹이도 주고 울타리도 지어 주자 더 이상 하늘을 날 이유가 없

"안 날아도 먹고살 수 있으니까, 뭐 굳이…?"

어져 날개가 퇴화하게 되었다고 해요.

동물의 날개는 대부분 한 쌍이에요. 그런데 두 쌍인 동물도 있어요. 잠자리, 나비 등은 날개가 두 쌍인 대표적 동물입니다. 나비에게 날개가 한 쌍만 있다면 어떻게 될까요? 실험에 따르면 앞날개를 잃은 나비는 아예 날지 못했지만 뒷날개를 잃은 나비는 앞날개를 이용해 날았어요. 하지만 날개가 두 쌍 있을 때보다 비행 속도가 느려지고 움직임이 단순해진 것을 알 수 있었답니다.

하늘을 나는 동물 중 가장 빠른 것은 무엇일까요? 바로 송골매예요. 기네스북에 따르면 송골매는 한 시간에

"내 날개 좀 봐. 두 쌍이라 두 배로 아름답지!"

389.46km를 갈 수 있는 빠른 속력으로 먹이를 잡으러 돌진한다고 해요. 그래서 옛사람들은 매를 사냥용으로 기르기도 했지요.

너흰 잘 모르겠지만, 나 지금 최선을 다해 날고 있다고.

한 문장 정리

ㄴ ㄱ 가 있는 동물 중에는 하늘을 나는 것도 있지만, 날 수 없는 것도 있어요.

동물의 다리

　동물은 각각 다른 개수의 다리를 가지고 있어요. 다리가 없는 지렁이도 있죠. 지렁이는 근육을 이용해 몸의 앞부분을 늘리면서 흙을 밀어내고 몸의 뒷부분을 당기면서 움직여요. 대부분의 물고기도 다리가 없지요.
　다리가 두 개인 동물에는 사람이나 고릴라, 새 등이 있어요. 사람은 다리가 두 개여서 척추를 세우고 걷는 직립 보행을 할 수 있어요. 새도 다리가 두 개라서 걷기도 하지요.
　다리가 네 개인 동물도 주변에서 많이 볼 수 있어요. 강아지나 고양이, 개구리 등 많은 동물이 네 개의 다리를 갖고 있어요. 다리가 여섯 개인 동물들도 있어요. 개미, 모기 등 주로 곤충류의 다리가 여섯 개예요. 나비나 잠자리는 하늘을 날 수 있지만 다리가 여섯 개라 곤충에 속해요. 거미나 문어는 다리가 여덟 개나 되고, 오징어의 다리는 열 개예요. 이 밖에도 동물의 다리의 수는 다양하답니다.

다리가 제일 많은 동물은 무엇일까요? 바로 노래기예요. 노래기는 주로 어둡고 습기가 적당한 곳에서 살아요.

지네 다리가 많다지만 그건 우리 노래기한테 댈 것도 아니야.

노래기는 몸통의 마디가 60개 이상인데, 마디마다 네 개의 다리가 있어 총 240개 이상의 다리가 있어요. 노래기 종류마다 다리의 개수가 다른데, 흰 노래기 암컷의 다리는 무려 750개나 된다고 해요.

▶ 한 문장 정리

 의 개수는 동물마다 다양해요.

체형에 따른 분류

'체형'은 몸의 생긴 형태를 말해요. 대부분 동물의 체형은 가운데 선을 그어 나누면 왼쪽과 오른쪽이 같은 형태예요. 사람의 경우 머리 꼭대기부터 아래로 선을 그었을 때 왼쪽과 오른쪽이 똑같아요. 이러한 동물을 '좌우 대칭 동물'이라고 해요. '대칭'은 어느 점이나 선을 기준으로 마주 보고 있는 것이 같다는 말이에요.

말미잘이나 불가사리처럼 몸이 중심에서부터 모든 방향으로 뻗어 나가는 구조로 되어 있는 동물도 있어요. 이러한 구조를 '방사'라고 해요. 그래서 이러한 동물을

'방사 대칭 동물'이라고 해요. 방사 대칭 동물은 머리와 바닥이 하나씩 있지만, 왼쪽과 오른쪽으로는 구분되지 않아요. 또한, 어딘가에 붙어서 생활하거나 떠다니며 스스로는 많이 움직이지 않지요.

좌우 대칭 동물은 눈이나 더듬이 같은 감각 기관이 가장 먼저 환경과 만나요. 하지만 말미잘이나 불가사리 같은 방사 대칭 동물은 모든 방향에서 환경과 만나게 돼요.

일반적으로 좌우 대칭 동물이 방사 대칭 동물보다 더 고등 생물이라고 해요. 앞과 뒤, 왼쪽과 오른쪽으로 구분될 수 있고, 주변 환경을 느껴서 알고 외부 자극에 바로 반응할 수 있는 신경들이 모여 있는 뇌와 같은 중추 신경계를 가지고 있기 때문이지요.

한 문장 정리

동물은 몸의 형태에 따라  대칭 동물과 방사 대칭 동물로 나눌 수 있어요.

서식지

동물들의 서식지는 다양해요!

지구상에는 다양한 동식물이 살아가고 있어요. 동식물들은 각각 생김새도 다르고 먹이와 사는 곳도 달라요. 어떤 특정한 동물이나 식물이 살아가는 자연환경을 '서식지'라고 해요.

서식지는 땅에 해당하는 '육상 서식지'와 물에 해당하는 '담수 서식지', '해양 서식지'로 나눌 수 있어요. 육상 서식지에는 나무가 많이 우거진 삼림, 풀이 나 있는 들판인 초원, 물이 많은 땅인 습지, 비가 거의 오지 않는 사막 등이 있어요. 담수 서식지는 짜지 않은 물로 이루어진 곳을 말해요. 하천이나 연못, 늪지대가 여기에 속해요. 해양 서식지는 바닷물처럼 짠물로 이루어진 서식지예요. 산호초 지대나 해저, 심해 등이 여기에 속해요.

서식지는 동물이 먹이를 얻을 수 있게 해 주고, 몸을 숨길 수 있는 은신처도 제공한답니다. 그래서 동식물에게 서식지는 굉장히 중요해요. 하지만 기후 변화나 자연재해에 의해서, 인간들에 의해서 동식물들의 서식지가 변화되거나 사라지기도 해요. 특히 최근에는 인간 때문에 많은 동물의 서식지가 변화되거나 없어져서 동식물이 사라지는 안타까운 일이 많이 일어나고 있어요. 갯벌에 사는 흰발농게는 간척 사업 때문에 서식지를 잃어 멸종 위기종이 되었고, 원앙도 산업화로 서식지를 잃어 아파트에 알을 낳기도 해요.

▲ 흰발농게

👍 **한 문장 정리**

ㅅ ㅅ ㅈ 는 어떤 동물이나 식물이 살아가고 있는 자연환경을 말해요.

땅에 사는 동물

초원, 삼림, 사막 등 땅에서 사는 동물은 다양해요. 땅 위에 사는 동물은 물론 땅속에서 살아가는 동물과 땅속과 땅 위를 오가면서 사는 동물도 있답니다.

땅 위에 사는 동물로는 다람쥐, 여우, 소, 공벌레, 너구리, 메뚜기, 고라니 등이 있어요. 땅 위에 살고 있어서 우리가 쉽게 볼 수 있지요. 땅속에 사는 동물로는 땅강아지, 지렁이, 두더지 등이 있어요. 땅속에 사는 동물들은 햇빛을 싫어해서 땅속에 집이 있는 경우가 많답니다.

우리는 땅 위나 땅속, 땅 위와 속을 오가며 살아가요.

땅속과 땅 위를 오가면서 생활하는 동물로는 뱀이나 개미가 있어요.

　땅에 사는 동물이라도 사는 곳에 따라 다른 특징을 보이기도 해요. 땅 위에서 사는 동물에는 사자나 호랑이처럼 다리가 있어서 걷거나 뛰는 동물이 있고, 뱀이나 달팽이처럼 다리 없이 기어 다니는 동물도 있어요. 두더지처럼 땅속에서 사는 동물은 땅속으로 파고들어 가기 좋은 모습을 가지고 있기도 하답니다.

　초원에 사는 코끼리는 넓은 초원의 먼 곳에서 들리는 소리를 잘 듣기 위해 귀가 크게 생긴 것이라고 해요. 그리고 타조는 날지 못하는 대신 튼튼한 다리가 있어서 넓은 초원을 빨리 달릴 수 있지요. 기린 역시 초원에 있는 키 큰 나무의 잎을 먹기 위해서 목이 길게 생겼답니다.

위에 있는 잎이 더 맛있는 건 기분 탓이야?

▲ 야크

▲ 산양

매끄러운 긴 털 때문에 추운 날씨도 끄떡없어!

그래도 산에서는 조심조심 걸어요.

 높은 삼림에 사는 야크는 높은 산의 추위를 잘 견딜 수 있도록 온몸에 짧고 두툼한 털이 나 있고, 그 위를 긴 털이 휘감고 있어요. 산양은 산의 경사진 절벽에서 미끄러지지 않도록 발굽이 작고 고무처럼 탄력이 있어요.

 덥고 물이 적은 사막에서 살아가는 전갈은 몸이 딱딱한 껍데기로 덮여 있어 물이 몸 밖으로 빠져나가지 않는다고 해요. 낙타도 등에 있는 혹에 물과 지방이 있어서 사막에서 오랫동안 물과 먹이를 먹지 않아도 생활할 수 있어요. 게다가 낙타의 긴 다리는 사막의 뜨거운 열기를 피할 수 있게 해 주고, 발은 넓적해서 모래에 빠지지 않도록 해 주지요.

 이처럼 땅을 서식지로 하는 동물은 땅의 기후나 특징에 따라 다양한 특징을 가지고 있어요. 앞으로 땅을 서

수분 절대 지켜!

▲ 전갈

긴 다리, 넓적한 발을 가진 멋진 나!

▲ 낙타

식지로 하는 동물을 본다면 어떤 특징을 가지고 있는지 찾아보고 어떤 환경에 적응한 것인지 추측해 보는 것도 재미있을 거예요.

👆 한 문장 정리

초원과 삼림, 사막에 사는 동물들은 모두 에 사는 동물들로, 사는 곳의 기후나 특징에 따라서 다양한 특징을 가지고 있어요.

물에 사는 동물

물에서도 많은 동물을 관찰할 수 있어요. 물을 서식지 삼아 살아가는 동물은 물에서 생활하기 위한 특징들을 가지고 있어요. 물에 사는 동물은 물에서 숨을 쉬기 위하여 '아가미'라는 특별한 호흡 기관을 가지고 있는 경우가 많아요. 그리고 물에서 잘 헤엄치기 위해

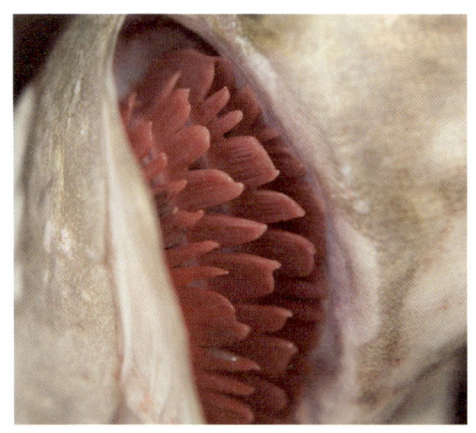

▲ 아가미

서 대부분 몸이 앞쪽은 둥글게 시작해 곡선으로 이어지다 끝에서 뾰족해지는 유선형 모양을 가지고 있지요.

자연에 있는 물은 크게 두 가지로 나뉘는데, 바닷물처럼 짠물과 강물처럼 짜지 않은 물이에요. 동물은 대개 두 가지 물 중 한 가지 물에서만 살아가지만, 짠물과 짜지 않은 물을 오가며 살아가기도 해요.

짜지 않은 물인 강이나 호수, 하천과 연못 등을 서식지

로 하는 동물에는 물속에 사는 동물도 있고, 물속 바닥을 기어 다니는 동물도 있어요. 물속에서 생활하는 동물에는 물방개, 물자라와 같은 곤충이나 잠자리 유충 같은 곤충의 애벌레, 잉어, 붕어, 미꾸라지, 메기 같은 물고기가 있어요. 강이나 호수 바닥을 기어 다니는 동물에는 다슬기, 우렁이 등이 있어요. 이외에도 조개, 가재 등 많은 동물이 물속에서 살고 있지요.

강이나 호수처럼 짜지 않은 물을 서식지로 하는 동물은 짠물인 바다에서는 살 수 없어요. 하지만 장어나 연어처럼 바다와 강을 오가면서 살아가는 동물도 있답니다.

짠물인 바다에는 고등어, 가오리, 상어, 오징어, 해파

리처럼 바닷속을 헤엄쳐 다니는 동물도 있고 전복, 소라, 산호처럼 바위에 붙어 있거나 기어 다니는 동물도 있답니다. 특히 바다의 일부인 갯벌에서는 게, 조개, 고둥처럼 기어 다니는 동물을 많이 볼 수 있지요.

👉 한 문장 정리

🅑 에 사는 동물에는 바다와 같이 짠물에 사는 동물, 강이나 호수와 같이 짜지 않은 물에 사는 동물, 장어나 연어처럼 짠물과 짜지 않는 물을 오가며 사는 동물이 있어요.

하늘을 나는 동물

앞서 살펴본 것처럼 지구상의 땅과 물에서는 많은 동물이 살아가고 있어요. 하지만 산이나 들판 같은 땅이나 강이나 호수, 바다 같은 물 말고도 동물을 관찰할 수 있는 곳이 있어요. 바로 하늘이에요.

우리는 하늘에서도 많은 동물을 만날 수 있어요. 하늘을 나는 동물의 가장 큰 특징은 몸에 날개가 있거나 날개의 역할을 하는 부분이 있다는 거예요. 하늘을 나는 가장 대표적인 동물인 새는 한 쌍의 날개를 가지고 있고, 하늘을 나는 곤충은 한 쌍 또는 두 쌍의 날개를 가지고 있어요.

우리가 말해서 좀 그렇긴 한데, 우리 날개 너무 멋있지 않아?

▲ 독수리

▲ 잠자리

야, 너네 날개 자랑하고 싶으면 얼마든지 해~ 나는 부럽지가 않아.

날개는 없지만 몸의 일부가 날개의 역할을 하는 동물도 있어요. 바로 하늘다람쥐예요. 하늘다람쥐는 앞다리와 뒷다리 사이가 날개막으로 연결되어 있는데, 이 날개막을 이용하여 하늘을 10m 이상 날 수 있어요.

하늘을 나는 새에게는 날개 말고도 또 다른 특징이 있어요. 바로 하늘을 날기 위해서 뼈와 몸의 무게가 가볍다는 점이지요. 게다가 새는 몸속에 공기주머니도 갖고 있어서 하늘을 더 잘 날 수 있어요. 또 가슴 근육이 발달해서 날갯짓을 더 잘할 수 있다고 해요.

👆 한 문장 정리
―――――――――――――――――――――――

하늘을 나는 동물들은  또는 날개 역할을 하는 부분을 가지고 있어요.

동물의 먹이

나는 빛과 물만 있으면 사는데, 동물은 그렇지 않대.

모든 동식물은 살아가는 데에 양분이 필요해요. 식물은 필요한 양분을 스스로 만들어 낼 수 있어서 먹이가 필요하지 않아요. 하지만 동물은 필요한 양분을 스스로 만들어 낼 수 없어요. 그래서 동물은 다른 생물을 먹어서 살아가는 데 필요한 양분을 얻지요.

모든 동식물은 몸에 양분이 있어서 다른 동물의 먹이가 될 수 있는데, 동물마다 먹이가 다르답니다. 어떤 동물은 식물만 먹기도 하고, 어떤 동물은 동물만 먹기도 하지요. 또 동물과 식물을 모두 먹는 동물도 있어요.

같은 종류의 먹이를 먹는 동물이라도 서식지에 따라 먹이의 종류가 달라지기도 해요. 동물은 주로 자신의 서식지에서 구하기 쉬운 동식물을 먹지요. 나라마다 사람들이 먹는 음식의 종류가 다른 것처럼요.

다른 동물에게 먹히는 동식물은 자신을 보호하기 위해 여러 가지 방법을 써요. 독을 품고 있거나, 먹기 힘들게 생기거나, 주변 자연과 비슷한 모습으로 다른 동물이 알아보기 힘들게 하여 자신을 보호하지요. 예를 들어 거북은 다른 동물이 먹기 힘든 딱딱한 등딱지를 가지고 있어 자신을 보호할 수 있어요. 문어나 카멜레온은 몸의 색깔을 주변 자연환경과 비슷하게 바꿔서 자신을 보호하지요.

▲ 카멜레온

한 문장 정리

동물마다 살아가려고 먹는 ㅁ ㅇ 가 다양해요.

초식 동물

풀을 먹는 소나 토끼처럼 식물을 먹는 동물을 '초식 동물'이라고 해요. 초식 동물은 다양한 종류가 있는데, 키가 큰 나무의 잎을 먹는 초식 동물과 땅에서 자라난 식물을 먹는 초식 동물로 나누어요.

높은 나무의 잎을 먹는 초식 동물에는 기린, 사슴, 고라니 등이 있어요. 이들은 혀가 길고 침이 끈끈해서 키가 큰 나무의 잎을 먹기 좋아요. 땅에서 나는 식물을 먹는 초식 동물에는 얼룩말, 말, 코끼리 등이 있어요.

누구 이빨이 더 멋있니?

초식 동물은 식물을 뜯고 씹기 좋은 이빨을 가지고 있어요. 앞니는 넓적한 칼처럼 식물을 뜯어 내기 좋게 생겼고 어금니는 맷돌처럼 생겨서 입으로 들어온 식물을 잘게 으깰 수 있어요. 식물을 소화시키기 위해서 대부분 긴 소화 기관을 가지고 있고, 특이한 소화 과정을 거치기도 해요. 소와 낙타, 염소, 양과 같은 초식 동물은 위가 여러 개 있어요. 이들은 먹은 식물을 위에 저장했다가 다시 입으로 꺼내 씹고 삼킨 후 다른 위로 보내는 '되새김질'을 해요. 이렇게 여러 개의 위를 거치면서 풀은 완전히 소화되어요.

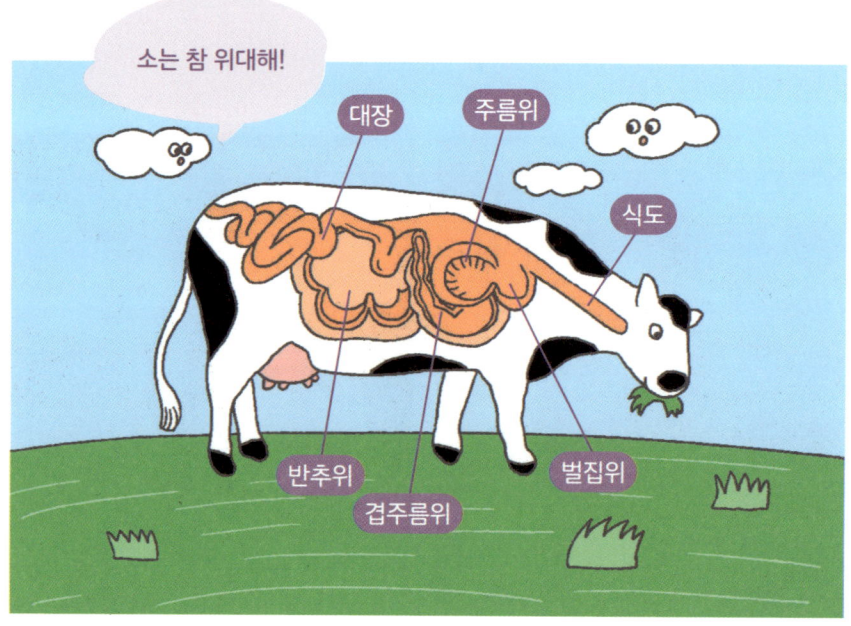

초식 동물 중에는 말이나 코뿔소처럼 위가 한 개인 동물도 있어요. 그런 초식 동물들은 소화를 더 잘 시키기 위해서 *발효 과정을 거쳐요. 이 동물들은 위에서 소화된 먹이를 장에서 며칠 동안 발효시켜 소화가 더 잘되게 해요. 하지만 이러한 동물은 위가 여러 개인 초식 동물보다는 소화 능력이 좋지 않아서 더 많은 먹이를 먹어야 한답니다.

★ 발효 미생물이나 효소의 작용으로 유기물이 화학적으로 변하는 현상이에요.

 한 문장 정리

ㅊ ㅅ 동물은 식물을 먹고 사는 동물을 말해요.

육식 동물

'육식 동물'이란 사자와 호랑이처럼 동물을 먹는 동물을 말해요. 물론 사자와 호랑이 말고도 다양한 육식 동물이 있지요. 육식 동물은 움직이는 동물을 먹이로 삼기 때문에 동물을 사냥하기에 적합한 몸을 가지고 있어요.

우선 육식 동물은 다른 동물을 사냥하기에 좋은 눈, 코, 귀를 가지고 있어요. 눈은 빠르게 움직이는 먹이가 어디에 있고, 얼마큼 떨어져 있는지 쉽게 알아볼 수 있어요. 눈에 보이지 않더라도 조그만 소리와 냄새까지 알아차릴 수 있는 예민한 감각으로 먹이가 어디에 있는지 알 수 있답니다.

육식 동물은 날카로운 이빨과 강한 발톱을 가지고 있는 경우가 많아요. 이빨과 발톱으로 동물을 빠르게 사냥할 수 있고, 고기를 쉽게 먹을 수 있어요. 또 이빨뿐만 아니라 혀도 단단하고 거칠어요. 동물의 털을 잘 벗겨 내기 위해서지요. 독수리와 매, 부엉이와 같이 동물을 먹는 새는 부리와 발톱이 갈고리처럼 뾰족하고 날카로워

나 위험하니까 조심해!

서 동물을 사냥하거나 먹이를 먹기 알맞아요.

  치타와 사자와 같은 육식 동물은 다리가 길어서 빠르게 도망치는 동물을 사냥하기에 적합해요. 또 척추가 유연해서 사냥감이 눈치채지 못하게 몸을 움츠려서 숨어 있다가 나타나기에도 알맞지요. 가장 빠른 동물이라고 알려진 치타는 한 시간에 무려 110km나 갈 정도로 빠르게 달릴 수 있어요.

따라올 테면 따라와 봐!

초식 동물은 식물을 잘 소화하기 위해 위가 여러 개 있기도 했고 소화 기관의 길이도 길었어요. 하지만 육식 동물은 비교적 소화가 잘되는 고기를 먹기 때문에 소화 기관의 길이가 짧다는 특징이 있답니다.

📍 한 문장 정리

ㅇ ㅅ 동물은 동물을 먹고 사는 동물을 말해요.

잡식 동물

사람도 살아 있고 움직이기 때문에 동물에 속해요. 그런데 사람은 식물도 먹고 동물도 먹지요. 사람처럼 식물과 동물 모두를 먹는 동물을 '잡식 동물'이라고 해요. 잡식 동물에는 사람, 쥐, 개, 곰, 원숭이, 닭, 까치, 돼지 등이 있어요.

잡식 동물은 동물과 식물을 모두 먹기 때문에 육식 동물의 특징과 초식 동물의 특징을 모두 가지고 있어요. 예를 들어 잡식 동물의 소화 기관은 초식 동물과 육식 동물의 중간 정도 길이예요. 또 이빨도 육식 동물과 초식

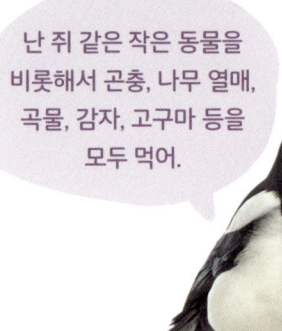

난 쥐 같은 작은 동물을 비롯해서 곤충, 나무 열매, 곡물, 감자, 고구마 등을 모두 먹어.

동물의 중간 형태이지요. 사람의 치아를 보면 앞니와 어금니는 초식 동물처럼 생겼지만 초식 동물에는 없거나 퇴화한 송곳니를 갖고 있어 고기를 편하게 먹을 수 있답니다.

 한 문장 정리

ㅈ ㅅ 동물은 식물과 동물을 모두 먹는 동물을 말해요.

동물의 특징과 우리 생활

　동물은 주변 환경에 적응하고 생존하기 유리한 여러 가지 신체적 특징을 지니고 있어요. 사람들은 이러한 동물의 특징에서 아이디어를 얻어 다양한 물건을 만들고 있어요.

　그 대표적인 것이 수영할 때 사용하는 오리발이에요. 오리의 발가락 사이에는 '물갈퀴'라는 막이 있어서 오리가 물속에서 헤엄을 잘 칠 수 있어요. 오리발은 오리의 물갈퀴와 비슷한 모양이지요? 수영할 때 오리발을 착용하면, 우리도 오리처럼 빠르게, 잘 헤엄칠 수 있게 되지요.

어디서 많이 보던 발인데…?

다른 예도 살펴볼까요? 상어의 피부를 자세히 살펴보면 작게 튀어나온 부분이 있어요. 이 부분은 상어의 몸에 물이 흐르면서 생기는 소용돌이를 막아 상어가 빠르게 움직이도록 해 줘요. 수영 선수들은 상어 피부의 원리를 활용한 수영복을 입어 더욱 좋은 기록을 낼 수 있답니다.

도마뱀을 본뜬 물건도 있어요. 도마뱀은 미끄러지지 않고 벽을 잘 기어오르지요. 어떻게 그럴 수 있을까요? 발바닥에 미세한 털이 있기 때문이에요. 털이 물체의 표면과 닿으면 물체와 털 사이에 끌어당기는 힘이 생겨 도마뱀이 떨어지지 않을 수 있어요. 이러한 점을 모방해 만든 것이 '게코 테이프'예요. 게코 테이프는 끈적끈적하지 않아 쉽게 떼지면서도 벽이나 천장에 쉽게 물건을 붙일 수 있어요.

▲ 게코 테이프

이 밖에도 많은 동물의 특징이 우리 생활에 활용되고 있습니다. 과학자들은 동물을 관찰하면서 그 신체적 특징의 원리를 우리 생활에 어떻게 활용할 수 있을지 연구하고 있어요. 미래에는 동물의 특징을 활용한 신기하고 유용한 물건이 더 많이 만들어질 거예요.

👆 한 문장 정리

동물의  은 우리 생활에 다양하게 활용되고 있어요.

문해력 튼튼

● 다음 기사를 읽고, 물음에 답해 보세요.

'세계 최고'만을 담은 기네스북

기네스라는 맥주 회사 창업자인 휴 비버는 어떤 새가 가장 빠른지 논쟁하게 되었습니다. 비버는 이런 질문에 대한 답을 적어 담은 책이 있으면 좋겠다는 생각에 세계 최고에 관한 내용을 담은 기네스북이라는 책을 발간하게 되었습니다. 기네스북은 1955년 발간되자마자 베스트셀러가 되었으며 지금까지도 다양한 분야에서 새로운 기록이 쓰이고 있습니다. 그 내용을 살짝 엿볼까요?

세계에서 시력이 가장 좋은 동물은 무엇일까요? 바로 매입니다. 시력이 9.0이나 되는데, 황반이 두 개이고 시각 세포가 사람보다 다섯 배나 많다고 해요.

세계에서 가장 시끄러운 동물은 중남미의 고함 원숭이입니다. 수컷 고함 원숭이는 소리가 울려 퍼지게 하는 뼈 구조를 가지고 있어요. 최대 4.8km 떨어진 곳에서도 그 소리가 들린다고 합니다.

가장 키가 큰 동물은 무엇일까요? 기린입니다. 1960년 케냐에서 발견된 기린의 키는 5.8m 정도라고 하는데, 이 기린이 우리 주변에 있다면 아파트 3층에서 얼굴을 마주 보겠군요.

가장 오래 산 동물은 무엇일까요? 아이슬란드 북쪽 해안에서 발견된 민무늬 백합이라는 조개는 껍데기의 연간 성장 고리를 연구한 결과 507년 동안 산 것으로 밝혀졌습니다.

● 다음 동물들이 가지고 있는 기네스 기록을 정리해 보세요.

세계에서 가장 〇〇〇〇 동물. 〇〇〇〇 km 떨어진 곳에서 소리가 들림.

세계에서 가장 〇〇〇〇 동물. 키가 약 〇〇〇〇 m로, 아파트 3층 높이임.

세계에서 가장 〇〇〇〇 동물. 무려 〇〇〇〇 년을 살았음.

세계에서 가장 〇〇〇〇 동물. 시력이 〇〇〇〇 정도임.

알쏭달쏭 동물 분류하기

자연에서 살아가는 다양한 동물을 만나 보며 동물들이 어떻게 생겼는지, 어디에 살고 무엇을 먹는지 등을 살폈어요. 배운 내용을 바탕으로 다음 그림 속 동물을 기준에 맞게 분류해 보아요.

준비물

필기도구, 동물도감이나 스마트 기기

● 한 동물이 여러 군데에 들어갈 수 있어요.

날개가 있는 동물	척추가 있는 동물
다리가 있는 동물	땅에 사는 동물
물에 사는 동물	육식동물

● 주의 사항

그림 속에는 이 책에서 다루지 않은 동물도 있어요. 그런 동물의 경우 인터넷이나 책을 활용해요.

● 실험의 의의

이 실험을 통해 여러 가지 동물의 공통점과 차이점을 발견하고 분류 기준에 따라 동물을 분류할 수 있어요.

3

지표의 변화

산이나 바다에 놀러가서 신기한 풍경을 본 적이 있나요?
우리가 사는 지구 표면은 흙과 물로 덮여 있어요.
그런데 흙과 물은 여러 가지 변화를 거치고 모습을 바꾸기도 하지요.
그렇다면 어떤 변화들이 일어나는지 확인해 볼까요?

지표

우리가 살아가고 있는 지구의 표면은 크게 육지와 바다로 나눌 수 있어요. 이 중에서 육지 부분의 겉면을 '지표'라고 해요.

지표는 산이나 들처럼 여러 가지 모습을 하고 있어요. 지표의 여러 가지 모습을 '지형'이라고 해요. 지표의 모습은 시간이 지나면서 여러 자연 현상에 의해 변화해요. 강의 물줄기가 바뀌기도 하고, 강이 없어지거나 호수가 생기기도 하고, 산이나 땅이 깎이거나 생기기도 하지요.

강물이 흘러내려 오면서 주변을 변화시키는구나!

이러한 변화는 바람이 불고 강물이나 바닷물이 흐르거나 파도가 치면서 일어나요. 이외에도 화산이 폭발하거나 지진이 발생해서 지형이 변화하기도 한답니다.

우리나라의 가장 동쪽에 있는 섬인 독도와 관광지로 유명한 제주도는 옛날에는 바다였지만 오랜 시간 동안 화산 활동이 진행되며 육지가 생기고 섬이 된 것이랍니다.

화산 활동은 좀 무섭지만, 이렇게 아름다운 섬이 생긴 건 좋아요!

▲ 독도　　　　　　　　▲ 제주도

👉 한 문장 정리

ㅈ ㅎ 은 지표의 여러 가지 모습으로, 시간이 지나면서 여러 자연 현상에 의해 변화해요.

흐르는 물에 의한 지표 변화

    흐르는 물로 인해 지표가 변화하는 것을 '유수에 의한 지표 변화'라고 해요. 강이나 하천, 계곡 등 지표를 따라 흐르는 물을 '유수'라고 하거든요. 바닷물은 움직이기는 하지만 지표를 따라 흐르지 않기 때문에 유수에 포함되지 않아요. 유수는 어디에서 왔을까요? 바로 빗물이에요. 1년에 내리는 비의 25% 정도가 유수가 되어요.

    강을 거슬러 올라가면 강이 시작되는 곳이 나오겠지요? 물줄기가 시작되는 곳을 '수원지'라고 해요. 물은 수

어른들이 '세월이 유수와 같다'고 하시는 말 혹시 들어 봤어? 나만큼 시간이 빨리 흘러간다는 뜻이야.

원지에서 시작해서 바다로 흘러가요. 물이 흐르는 길 중에서 수원지에 가까운 쪽을 '상류', 바다에 가까운 쪽을 '하류'라고 한답니다. 보통 강의 상류는 폭이 좁고 경사가 급해요. 바위나 큰 돌이 많고 산으로 둘러싸여 있지요. 반면에 강의 하류는 폭이 넓고, *경사가 *완만해요. 여기에는 모래나 흙이 많이 쌓여 있고, 주변에 평야나 들판이 있어요.

유수는 상류에서 하류로 흘러가면서 바위나 모래, 식물 등 다양한 환경을 만나요. 그 과정에서 운반, 퇴적, 침식 작용을 일으키며 오랜 시간에 걸쳐 지표를 변화시키지요. 운반, 퇴적, 침식 작용이 무엇인지 찬찬히 살펴볼까요?

★ 경사 기울어진 곳, 또는 기울어진 정도를 말해요.
★ 완만하다 기울기가 급하지 않은 것을 뜻해요.

 한 문장 정리

흐르는 물인 ㅇ ㅅ 는 오랜 시간에 걸쳐 지표를 변화시켜요.

운반 작용

강이 흘러가면서 물과 같이 이동하는 물질들이 있어요. 이렇게 강물이 여러 가지 물질을 옮겨 나르는 것을 '운반 작용'이라고 해요. 물과 함께 이동하는 물질은 물에 녹는 물질과 녹지 않는 물질로 나누어 생각할 수 있어요.

물질이 물에 녹아 운반되는 것을 '녹은짐'이라고 해요. 암석에 있는 칼슘이나 마그네슘, 칼륨 등의 화학 물질이 물에 녹아 물과 같이 이동하는 것을 뜻하지요.

▲ 물을 따라 이동하는 물질

작은 점토나 모래 알갱이 같은 것은 물에 녹지는 않지만 가벼워서 물에 뜨는데, 그 상태로 물과 함께 이동해요. 이것을 '뜬짐'이라고 해요. 이런 모래가 많으면 물이 뿌옇게 보이거나 흙색으로 보이기도 한답니다.

'밑짐'은 물질이 물 밑에 가라앉아서 이동하는 것을 말해요. 큰 돌이나 자갈 등이 바닥을 구르면서 이동하지요. 밑짐은 돌이나 자갈의 무게가 무겁다 보니 홍수처럼 물이 흐르는 속도가 빠른 경우에만 발생해요.

 한 문장 정리

강물이 여러 가지 물질을 옮겨 나르는 것을 ㅇ ㅂ ㅈ ㅇ 이라고 해요.

퇴적 작용

유수에 의해 운반된 물질이 더 이상 운반되지 못하고 쌓이는 것을 '퇴적 작용'이라고 해요. 물의 속도가 빠를 때보다 느릴 때 주로 잘 일어나고 여러 물질이 쌓이면서 특정한 모양을 형성하기도 해요.

골짜기를 흐르던 물이 상류를 지나 평지를 만나면 느리게 흘러요. 그러면 물에 떠다니던 물질이 바닥이나 물가에 쌓이게 되지요. 이때 부채 모양으로 흙이 쌓이는 것을 '선상지'라고 해요.

물이 평야를 지나 하류에 다다르면 속력이 느려져 퇴적물이 쌓이게 되어요. 퇴적물이 꾸준히 쌓이면 대부분 삼각형 모양이 되는데 이런 형태를 '삼각주'라고 해요.

▲ 퇴적 작용의 결과

삼각주에는 강을 따라 운반된 영양분이 많이 포함되어 있어 농사 짓기에 좋아요. 이집트의 나일강 하류에 있는 삼각주는 동쪽과 서쪽의 거리가 240km 정도나 되는 세계에서 제일 큰 삼각주예요. 여기에서 *이집트 문명이 시작되었어요.

▲ 선상지

▲ 삼각주

★ **이집트 문명** 기원전 6000년쯤에 나일강 유역에서 일어난 농경 문화를 말해요. 큰 국가 권력 아래 피라미드를 건설했고 과학 기술이 발달했어요.

 한 문장 정리

흐르는 물에 의해 운반된 물질들이 더 이상 운반되지 못하고 쌓이는 것을 ㅌ ㅈ ㅈ ㅇ 이라고 해요.

침식 작용

흐르는 물 때문에 토양이나 바위 등이 깎여 나가는 현상을 '침식 작용'이라고 해요. 흐르는 물은 산 위에서부터 내려와 바다로 흘러가면서 지표를 침식시켜요. 깎여 나간 흙이나 돌은 운반되어 퇴적되지요.

강의 상류는 경사가 급해요. 그러다 보니 강의 옆면보다 바닥 부분이 더 빠르게 침식돼요. 아랫부분이 계속 깎이면 브이(V) 자 모양의 길이 만들어져요. 이렇게 바닥이 침식되는 것을 '하각 작용'이라고 해요.

반면 강의 하류는 경사가 급하지 않아 강의 옆면이 깎여서 그 폭이 넓어져요. 이렇게 강의 옆면이 침식되는

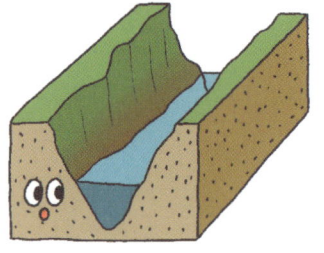

▲ 강의 상류에서 보이는 브이(V) 자 계곡

▲ 강의 하류에서 보이는 유(U) 자 계곡

것을 '측각 작용'이라고 해요.

물은 하류로 내려가면서 땅의 형태나 암석 등으로 인해 에스(S) 자 모양으로 구불구불 휘면서 흘러요. 구부러진 곳에서 물의 바깥쪽은 흐르는 속도가 빨라 퇴적이 잘 일어나지 않지만, 안쪽은 흐르는 속도가 느려 퇴적이 잘 일어나요. 오랜 세월 동안 구부러진 곳의 안쪽에서 퇴적 작용이 진행되다 보면 퇴적물들이 만나 구부러진 곳에는 호수처럼 물만 남게 되어요. 이러한 지형은 소의 뿔과 닮았다고 해서 '우각호'라고 해요. 우각호에는 계속해서 물이 들어올 수 없다 보니 긴 세월이 지나면 물이 흘렀던 흔적만 남는답니다.

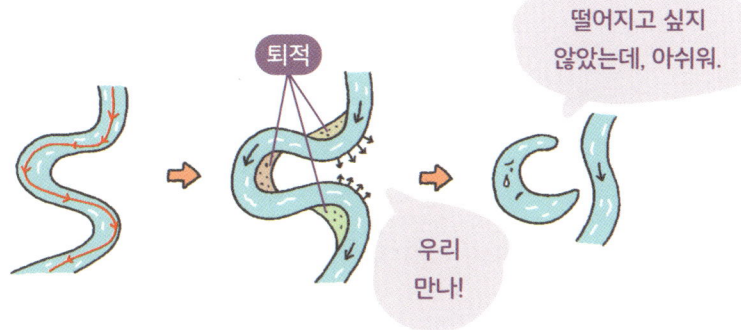

▲ 우각호가 생기는 과정

👆 한 문장 정리

흐르는 물에 의해 토양이나 바위 등이 깎이는 것을 ㅊ ㅅ ㅈ ㅇ 이라고 해요.

해수에 의한 지형

바닷물은 오랜 시간 동안 흐르거나 파도치면서 바닷가 주변 지표를 변화시켜요. 강한 파도가 육지에 와서 부딪치면 침식 작용이 일어나요. 육지가 깎여 떨어질 듯한 절벽이 만들어지지요. 거기서 침식 작용이 더 일어나면 뻥 뚫린 동굴이 만들어지기도 한답니다. 이를 '해식 동굴'이라 해요. 또 '시 아치'라는 독특한 지형이 만들어지기도 해요. '아치'는 알파벳 'U'를 뒤집어 놓은 것처럼 둥글게 연결된 다리 모양을 말해요.

반면에 잔잔하게 파도가 치는 해안가에서는 운반이나 퇴적 작용이 활발히 일어나요. 이 경우 바다에 있는 작은 모래들이 해안가로 운반되어 모래 해변이나 갯벌이 만들어져요. 바닷가 중간에 모래가 쌓이기도 하는데, 그렇게 되면 안쪽 바닷물이 바깥쪽 바닷물과 분리되면서 '석호'라는 호수가 만들어지기도 한답니다.

각 사진에 담긴 것이 해식 동굴, 시 아치, 석호 중에서 무엇인지 맞혀 보세요!

 한 문장 정리

바닷가 주변에서도 침식, 운반, 퇴적 작용이 일어나 뻥 뚫린 ⓓ ⓖ 이나 호수 등 다양한 지형이 만들어져요.

해식 절벽

바다의 강한 파도가 해안에 닿으면 침식 작용이 활발히 일어나요. 암석이 침식 작용으로 깎여서 급한 경사를 이루게 된 것이 '해식 절벽'이에요. 여기서 '해식'이란 바다에 의한 침식 작용을 말해요.

파도로 절벽이 만들어질 때 다른 암석보다 약한 부분이 있다면 동굴이 만들어지기도 하고, 서로 다른 종류의 암석이 있다면 절벽에 줄무늬가 생기기도 해요. 또 위쪽 절벽이 파도에 의해 점점 깎이다 해수면과 비슷한 높이가 되면 파도에 깎이지 않은 암석만 남아 절벽과 바다 사이에 평평한 암석 지대가 만들어지기도 하지요.

이렇게 파도 때문에 만들어진 절벽은 깎인 암석의 독특한 모습을 볼 수 있어 관광지로 유명한 경우가 많아요. 하얀 절벽으로 유명한 영국의 세븐 시스터즈, 일본 오키나와의 코끼리 모양 절벽 만좌모, 제주도의 용머리 해안, 서해안의 채석강이 모두 파도가 만든 해안가 절벽이랍니다.

▲ 영국 세븐 시스터즈

▲ 일본 오키나와 만좌모

▲ 제주도 용머리 해안

 한 문장 정리

ⓗ ⓢ ⓙ ⓑ 은 암석이 파도에 의해서 침식되어 만들어져요.

갯벌

갯벌은 우리나라의 충청남도 태안군과 경기도의 대부도와 같은 서해안, 전라남도 순천시와 무안군과 같은 남해안에 있어요. '갯벌'은 바닷물이 하루에 두 번씩 빠져나갈 때 드러나는 평평한 땅을 말해요. 남해안과 서해안은 해안의 경사가 동해안보다 완만해서 갯벌이 발달했어요.

갯벌은 *물살이 느린 해안가에 바닷물이 운반한 모래나 진흙이 쌓이면서 만들어져요. 쌓이는 모래나 진흙의 크기에 따라 진흙 갯벌, 모래 갯벌, 혼합 갯벌로 나뉘어요.

'진흙 갯벌'은 물살이 약하고 잔잔해서 크기가 아주 작은 진흙이 쌓인 갯벌이에요. 우리가 일반적으로 떠올리는 갯벌이지요. 진흙 갯벌은 고운 펄로 이루어져 있어서 발이 잘 빠져 그 위를 걸어 다니기 어려워요.

반면 '모래 갯벌'은 물살이 세서 진흙보다 크기가 큰 모래까지 운반된 경우에 생기는 갯벌이에요. 모래 해변과

★ 물살 흐르는 물의 세기와 빠르기를 말해요.

비슷해서 바닷물이 빠지는 모습을 보지 않으면 갯벌인지 구별하기 힘들기도 해요. '혼합 갯벌'은 물살의 세기가 모래 갯벌과 진흙 갯벌의 중간으로 모래와 펄이 섞여 있는 갯벌이에요.

갯벌에서 진흙 마사지를 하는 사람도 많아!

▲ 진흙 갯벌

▲ 모래 갯벌

갯벌에는 다양한 바다 생물이 살고 있고, 그 생물을 먹기 위해 찾아오는 철새가 머무르기도 해요. 또 갯벌은 바다의 오염을 정화하는 역할도 해요. 그래서 최근에는 갯벌을 보호하려는 사람들이 많지요.

갯벌에 사는 동물로는 대표적으로 조개를 들 수 있어요. 바지락과 꼬막, 맛조개, 동죽, 백합 등 다양한 종류의 조개가 살고 있지요. 밤게, 소라게, 바위게, 농게 등 다양한 종류의 게도 갯벌에 살고 있어요. 이외에 망둥어 같은 물고기는 물론이고 갯지렁이, 불가사리, 낙지, 개

불, 소라 같은 동물도 모두 갯벌에서 만날 수 있답니다.

갯벌에 놀러 와!

▲ 조개

▲ 망둥어

▲ 갯지렁이

▲ 소라게

👍 한 문장 정리

 은 잠겨 있다가 바닷물이 빠져나갈 때 드러나는 평평한 땅이에요.

모래 해변

여름 휴가지로 가장 인기 있는 장소 중의 하나인 바닷가 해수욕장은 대개 모래 해변이에요. 하천에서 떠밀려 오거나 파도에 의해서 생겨난 바닷속 모래는 파도에 밀려서 해안으로 오게 돼요. 이것이 오랜 시간 동안 퇴적되면서 넓은 '모래 해변'이 만들어져요.

강릉의 경포대 해수욕장, 양양의 낙산 해수욕장 등 모래사장으로 유명한 해수욕장은 동해안에 많아요. 모래 해변이 서해안이나 남해안보다 동해안에 더 발달했기 때문이에요. 동해안은 모래가 더 많고 바다도 깊어서 파도에 의한 침식과 퇴적 작용이 더 활발하게 일어나는데 서해안은 바다의 깊이가 얕고 파도에 의한 침식과 퇴적 작용도 약해서 모래 해변이 발달하지 않았어요.

모래 해변의 모래는 지역에 따라 다양한 물질로 구성되어 있어요. 우리나라의 모래 해변은 일반적인 모래의 주요 성분인 석영과 장석이라는 암석으로 이루어져 있어요. 그래서 우리나라의 해수욕장은 대부분 황토빛을 띠어요. 외국의 따뜻한 지역의 모래 해변은 산호나 조개껍데기가 섞여 있어 하얀색에 가까운 색을 띠기도 하고 제주도에서는 화산 활동으로 만들어진 현무암이라는 암석이 해변에 섞여 있어 검은 모래 해변을 볼 수도 있어요.

▲ 모래 해변

▲ 산호 해변

▲ 검은 모래 해변

모래 해변에 모래가 많은 경우 바람에 날려서 해변 뒤쪽으로 넘어가 쌓이기도 해요. 이러한 지형을 '사구'라고 해요. 우리나라에서 가장 큰 사구는 충청남도 태안군의 신두리 해안 사구예요.

사구에는 강한 햇빛, 바람에 날리는 모래, 부족한 영양분에 적응한 해안 사구 식물이 많이 살고 있어요. 또 사구는 모래 해변에 부족한 모래를 공급해 주기도 하기에 중요한 지형이에요. 최근에는 무분별한 개발과 환경 오염으로 사구가 줄어들고 있어요. 그래서 사구에 인공적으로 모래를 공급하기도 하고 사구를 보호 지역으로 지정해 훼손이나 개발을 막으려고 노력하고 있어요.

▲ 해안 사구

한 문장 정리

ㅎ ㅇ ㅅ ㄱ 는 모래가 파도에 의해 해안에 퇴적되어 만들어져요.

흙의 생성과 종류

암석이 작게 부서지면 크기가 작아지지요. 이런 작은 입자에 공기나 물이 들어가고, 다른 화학 물질이 다양하게 포함되어 만들어진 것을 '흙'이라고 해요.

커다란 암석이 알갱이 한 개의 두께가 1cm 정도인 큰 흙이 되는 데까지 200년 정도 걸려요. 오랜 세월이 흐르면서 식물의 낙엽이나 나뭇가지 또는 생물의 잔해가 썩어 생기는 화학 물질들이 흙과 섞이게 돼요. 보통 흙은 돌이나 자갈, 모래, 화학 물질 등이 50% 정도, 공기와 수분이 각각 25%로 이루어져 있어요. 흙의 종류에 따라 구성하는 물질이나 비율에 차이가 있고요.

흙은 크기에 따라 분류할 수 있어요. 알갱이의 지름이 2mm 이상이면 '자갈', 1~2mm면 '모래', 모래보다 작은 흙은 '진흙'이라고 해요.

흙을 구성 성분이나 용도에 따라 나누기도 해요. 작은

나뭇가지나 낙엽 등이 미생물에 의해 부패하여 만들어진 흙을 '부엽토'라고 해요. 부엽토에는 양분이 많아 식물이 잘 자랄 수 있어요. 학교 운동장에는 주로 '마사토'라는 흙이 있어요. 마사토는 알갱이가 굵어 물이 잘 빠져요. 굵은 모래라고 부르기도 해요. 이외에 식물을 키우는 데 적합하도록 여러 가지 흙을 섞어서 만든 '혼합토'도 있답니다.

▲ 부엽토

▲ 마사토

한 문장 정리

암석이 여러 과정을 거치며 그 알갱이가 작아지고 화학 물질 등이 포함되면 이 돼요.

풍화 작용

 암석은 여러 가지 이유로 작게 부서져요. 데굴데굴 굴러가다가 다른 암석과 부딪쳐서 부서지기도 하고 큰 나무의 뿌리가 자라면서 가까이 있는 암석을 부수는 경우도 많아요. 암석이 공기, 물, 미생물 등의 작용으로 성분이 변하거나 잘게 부서지는 것을 '풍화 작용'이라고 해요.

 풍화 작용은 암석의 구조나 구성 성분, 수분, 기온, 지형 등에 영향을 받아요. 아무래도 암석에 원래 금이 가 있는 경우에는 풍화 작용이 더 잘 일어나겠지요? 또 물이 잘 순환할수록 풍화 작용이 활발하게 일어나요.

침식 작용과 풍화 작용을 비교해 볼게요. 풍화 작용은 암석이 작게 쪼개지는 과정을 말해요. 풍화 작용은 일어나는 원인에 따라 '기계적 풍화 작용'과 '화학적 풍화 작용'으로 구분할 수 있답니다. 침식 작용은 땅이 깎이는 것을 말하죠. 두 가지 모두 무언가가 쪼개진다는 것은 같지만 풍화 작용은 암석이 작게 쪼개지는 것이고, 침식 작용은 지표가 깎인다는 차이가 있어요.

	풍화 작용	침식 작용
공통점	무언가 쪼개지는 것	
차이점	암석이 잘게 쪼개지는 것	지표가 깎이는 것

👆 **한 문장 정리**

암석이 공기, 물, 미생물 등의 작용으로 성분이 변하거나 작게 부서지는 과정을  ㅈㅇ 이라고 해요.

기계적 풍화 작용

'기계적 풍화 작용'은 암석이 성분 변화 없이 잘게 부서져 크기만 작아지는 현상을 말해요. 물리적 풍화 작용이라고도 하지요. 이것의 원인에는 압력, 동결 작용, 생물 등이 있어요.

땅속 깊은 곳에서 큰 압력을 받던 암석이 땅 위로 올라오면 상대적으로 압력이 낮아져서 암석 표면이 얇게 부서지기도 해요. 암석이 평평하게 갈라진 '판상 절리'가 압력에 의한 기계적 풍화 작용의 예라고 할 수 있어요. 우리나라에서는 경기도 연천군에서 볼 수 있어요.

겨울에 암석의 작은 틈으로 물이 들어오면 물이 얼면서 부피가 커져 암석의 틈이 더 커져요. 얼음이 얼고 녹는 과정을 반복하면 암석이 갈라져요. 이것을 물의 '동결 작용'이라고 해요. 쪼개진 암석은 떨어져 주로 고깔 모양으로 쌓여요. 이렇게 낭떠러지 밑이나 경사진 산허리에 고깔 모양으로 쌓인 흙모래나 돌 부스러기를 '테일러스'라고 해요.

동물이나 식물에 의해 기계적 풍화가 일어나기도 해요. 지렁이나 개미처럼 땅에 굴을 파는 동물들이 지표를 변화시키지요. 또 바위틈 사이로 뿌리를 내리는 식물이 자라면서 암석을 갈라지게 하는 경우도 있어요.

▲ 판상 절리

▲ 식물 뿌리로 인한 풍화

▲ 테일러스

 한 문장 정리

암석이 성분 변화 없이 잘게 부서지는 것을 ㄱ ㄱ ㅈ 풍화 작용이라고 해요.

화학적 풍화 작용

'화학적 풍화 작용'은 암석이 화학적인 작용 때문에 쪼개지는 것을 말해요. 화학적 풍화의 원인에는 물, 물에 녹아 있는 물질, 공기 등이 있어요.

▲ 정장석　　　　▲ 고령토　　　　▲ 보크사이트

암석 가운데 정장석은 이산화 탄소가 녹은 물을 만나면 고령토로 변해요. 고령토가 다시 물과 화학 반응을 하면 보크사이트라는 작은 암석이 되어요. 보크사이트는 우리 주변에서 쉽게 볼 수 있는 알루미늄의 원료예요. 정장석은 이렇게 물과 화학적인 작용을 하면서 풍화되어 점점 작게 쪼개어져요.

빗물은 이산화 탄소가 녹아 있어서 산성을 띠고 석회암을 녹여요. 이렇게 녹는 과정이 오랜 기간 지속되면

석회 동굴이 만들어져요. 석회암이 녹아 만들어진 지형 중에서 규모가 큰 것을 '카르스트 지형'이라고 해요.

▲ 카르스트 지형

암석이 공기를 만나면 산화가 일어나요. 산화란 어떤 물질이 산소와 만나 화학 작용이 일어나는 것을 말해요. 대부분의 암석에는 철이 있는데, 이 철이 산소를 만나면 산화가 일어나요. 이러한 방식으로 풍화 작용이 일어나는 경우도 있어요.

한 문장 정리

암석이 화학적인 작용으로 쪼개지는 것을 ㅎ ㅎ ㅈ 풍화 작용이라고 해요.

● 다음 글을 읽고, 물음에 답해 보세요.

밤섬의 비밀

　서울의 중앙을 가로지르는 큰 강인 한강에는 몇 개의 섬이 있어요. 그중 하나인 밤섬은 사람이 살지 않는 무인도예요. 옛날에는 밤섬에도 사람이 살고 있었지만 도시 개발에 필요한 모래와 돌을 얻기 위해 1968년에 폭파되었고, 살던 주민들도 이주하게 되었어요. 그렇게 밤섬은 역사 속으로 사라지는 듯했어요.

▲ 밤섬

　그런데 시간이 지나면서 밤섬이 다시 생기고 그 크기도 점점 커졌어요. 밤섬이 다시 생긴 이유는 바로 퇴적 작용 때문이에요. 한강이 운반한 많은 모래가 퇴적 작용으로 쌓였고, 지금도 계속 모래가 퇴적되면서 그 크기가 점점 커지는 것이랍니다.

　밤섬이 다시 생기고 난 후인 1996년에 측정한 밤섬의 크기는 약 4만m^2였어요. 16년 후인 2012년에 측정한 밤섬의 크기는 약 28만m^2로 여섯 배 넘게 커졌어요. 지금도 밤섬은 계속 커지고 있어요.

　밤섬에는 이제 여러 식물과 동물이 살고 있어요. 천연기념물인 수달이나 원앙부터 금개구리, 맹꽁이와 같은 멸종 위기 동물도 살고 있답니다.

● 밤섬이 커지는 이유가 무엇인지 적어 보세요.

● 우리 고장에서 지표 변화 때문에 새로 생겼거나 모습이 변했거나 또는 사라진 땅이 있는지 찾아보세요.

얼음 설탕을 가루로 만들기

바위나 돌이 흙이 되는 과정을 배웠지요? 얼음 설탕을 가루로 만들면서 그 과정을 다시 확인해 보아요.

준비물

종이, 얼음 설탕, 뚜껑이 있는 플라스틱 통

● 실험 순서

❶ 흰 종이 위에 얼음 설탕을 올려놓아요.

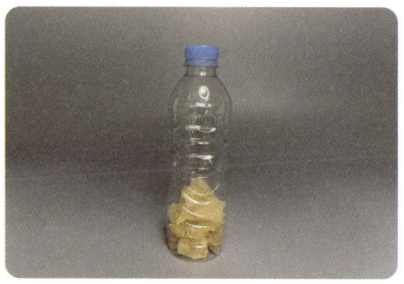

❷ 플라스틱 통에 얼음 설탕을 3분의 1 정도 넣고 뚜껑을 닫아요.

112

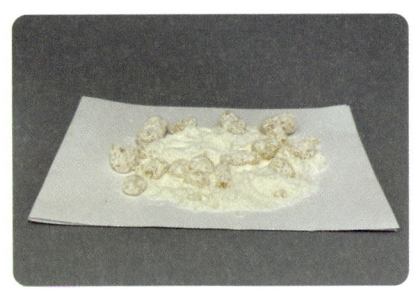

❸ 가루가 보일 때까지 플라스틱 통을 흔들어요.

❹ 종이 위에 ❸의 설탕을 붓고 ❶의 얼음 설탕과 비교해요.

● 주의 사항

얼음 설탕은 색깔이 있고 가급적 덩어리가 큰 것을 사용해요. 그리고 얼음 설탕은 실험용이므로 굳이 맛보거나 먹지 마세요.

● 실험의 의의

이 실험을 통해 바위나 돌이 어떻게 흙이 되는지 그 과정을 알 수 있어요.

113

4

물질의 상태

책, 연필, 휴대 전화, 물 등은 어떤 물질로 이루어져 있을까요?
물질의 상태에 대해 알면, 그 물질과 물질로
만들어진 물체를 더 잘 사용할 수 있을 거예요.
그럼 이러한 다양한 물질에 어떤 특징이 있는지 알아볼까요?

물질

여러분이 읽고 있는 이 책, 밟고 있는 땅, 마시고 있는 음료수 등 우리 주변에서는 여러 물체를 쉽게 볼 수 있어요. 물체를 이루는 것을 '물질'이라고 하지요. 책은 종이로, 땅은 흙으로, 음료수는 물과 설탕 등으로 이루어져 있어요.

물질은 크게 고체, 액체, 기체의 세 가지 상태로 존재해요. 여기에서는 물질의 세 가지 상태에 대해 알아보고 각 물질의 특성을 살펴볼 거예요.

> 물과 얼음은 같은 물질이지만 다른 상태로 존재해요.

 한 문장 정리

물체를 이루고 있는 것을 이라고 해요.

고체

존재하는 곳이나 보관되는 장소와 상관없이 일정한 형태와 부피를 *유지하는 물질의 상태를 '고체'라고 해요. 모래, 돌, 금속 등이 고체지요. 고체의 구조를 살펴보면 입자들끼리 서로 붙어 있는 것을 알 수 있어요.

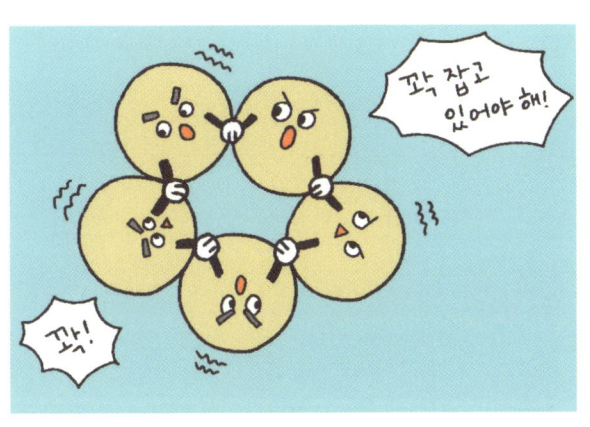

▲ 고체의 구조

고체는 모양이 일정하고 단단해서 힘을 가해도 대체로 그 상태를 유지해요. 물론 힘이 가해졌을 때 그 모양이 약간 변하는 고체도 있어요. 하지만 그런 고체도 가해진 힘이 사라졌을 때는 *탄성이 있어 다시 원래 상태로 돌아와요. 예를 들어 지우개는 가만히 있으면 형태를

★ 유지하다 어떤 상태나 현상을 그대로 이어 가거나 계속하는 거예요.
★ 탄성 물체를 구부리거나 늘였을 때 본디의 꼴로 돌아가려고 하는 성질이에요.

유지하지만 손으로 누르면 모양이 약간 변하지요. 누르던 손을 떼면 다시 원래 모양으로 돌아오고요.

물론 너무 큰 힘이 가해지면 고체가 부러져요. 부러지더라도 그 물체의 크기가 변하는 것일 뿐, 성질은 변하지 않아요. 예를 들어 찰흙은 쉽게 떼어지지만 그렇다 해도 원래의 성질을 유지하지요.

👆 **한 문장 정리**

일정한 형태와 부피를 유지하는 물질의 상태를  라고 해요.

액체

담는 그릇에 따라 모양은 변하지만 부피는 변하지 않는 물질의 상태를 '액체'라고 해요. 액체는 둥근 그릇에 담으면 둥근 형태가 되고, 네모난 그릇에 담으면 네모 모양이 되지요. 액체의 구조를 살펴보면 입자들끼리 붙어는 있지만 고체만큼 꽉 붙어 있지는 않다는 것을 알 수 있어요.

느슨하게 붙어 있는 우리가 좋아!

▲ 액체의 구조

액체는 흐르는 성질이 있어요. 높은 곳에서 아래로 떨어지기도 하고, 바닥에 액체를 부으면 원래 형태를 유지하지 못하고 옆으로 흘러내리기도 해요.

우리 주변에는 물이 아닌 액체도 많아요. 꿀벌이 벌집에 모아 두는 끈적끈적한 꿀을 떠올려 볼까요? 꿀도 액체라서

▼ 꿀

옆으로 흘러요. 하지만 물과 다른 특성을 가지고 있어 느리게 흐른답니다.

주방에서 많이 쓰는 기름도 액체예요. 물은 불을 끌 때 사용하는 물질이지만 기름은 불을 붙일 때 쓰는 물질이에요. 물은 투명하지만 기름은 노란빛을 띠지요.

수은은 온도계나 의약품 등에 쓰이는 금속인데 특이하게도 20℃에서 은색의 액체로 존재해요. 수은은 만지기만 해도 피부에 잘 스며들어 굉장히 위험하므로 조심히 다루어야 해요.

▲ 수은

👆 한 문장 정리

물질의 세 가지 상태 중에서 담는 그릇에 따라 모양은 변하지만 부피는 변하지 않는 물질의 상태를 ㅇ ㅊ 라고 해요.

표면 장력

액체 입자는 주변의 다른 입자와 서로 끌어당기는 힘이 있어요. 액체의 아래쪽은 그림의 ❷에서처럼 모든 방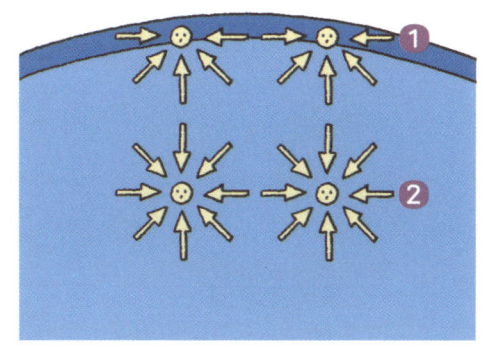
향으로 서로 끌어당기는 힘이 발생해요. 하지만 그림의 ❶인 액체의 표면에서는 모든 방향에 다른 분자들이 있는 것이 아니어서 안쪽으로 잡아당기는 힘이 더 강해요. 따라서 표면적을 최대한 작게 하여 표면에 드러나는 분자의 수를 줄이려고 하지요. 이렇게 표면적을 작게 하기 위해 액체 분자들 사이에 작용하는 힘을 '표면 장력'이라고 해요. 이 표면 장력 때문에 표면이 막으로 둘러싸여 있는 것처럼 보이기도 해요.

표면 장력은 간단한 실험으로도 확인할 수 있어요. 물 위에 클립을 조심히 올려놓으면 클립이 물에 뜨는 것을 볼 수 있어요. 이것은 물 표면이 막으로 싸여 있는 것처럼 단단하기 때문이에요. 소금쟁이가 물 위에 뜨는 것도 같은 원리이지요.

우유처럼 표면 장력이 약한 액체 위에서는 금방 가라앉아.

▲ 표면 장력을 확인할 수 있는 예

 표면 장력의 크기는 액체마다 달라요. 물과 수은을 비교해 보면 수은의 표면 장력이 물의 여섯 배 정도로 훨씬 커요. 물과 수은을 시험관에 넣고 경계면을 자세히 살펴

결합력 좀 더 키워야겠어?

▲ 물과 수은의 표면 장력 비교

보면 그 모양이 다른 것을 알 수 있어요. 표면 장력이 센 수은은 유리로 된 시험관보다 수은끼리 뭉치는 힘이 더 세서 가장자리가 내려가는 형태를 보여요. 반면 표면 장

력이 상대적으로 약한 물은 시험관의 유리벽 가장자리가 올라가는 형태를 보이지요.

 한 문장 정리

표면적을 작게 하기 위해 액체 분자들 사이에 작용하는 힘을 ㅍ ㅁ ㅈ ㄹ 이라고 해요.

기체

일정한 모양과 부피를 갖지 않는 물질의 상태를 '기체'라고 해요. 기체는 액체처럼 보관하는 용기에 따라 그 용기를 가득 채우며 모양이 달라져요. 기체 상태의 물인 수증기를 네모난 통에 넣으면 그 통을 채우고, 둥근 병에 채우면 그 병을 가득 채우지요.

▲ 기체의 구조

고체나 액체와 비교하면 기체는 입자들끼리의 거리가 매우 멀어요. 기체는 입자들끼리 서로 멀리 떨어져 있기 때문에 부피를 줄이거나 커지게 하기도 쉬워요.

대부분 기체는 분자들 사이의 거리가 멀어 우리 눈에 잘 보이지 않고 색이 없어요. 하지만 플루오린처럼 황갈색을 띠는 기체도 있답니다.

기체 중에는 물에 녹는 기체도 있고, 녹지 않는 기체도 있어요. 탄산음료에 들어 있는 탄산은 이산화 탄소를 물에 녹여 만든 거예요. 기체는 압력이 높을수록 많이 녹는데, 공장에서는 높은 압력으로 이산화 탄소를 녹여 탄산음료를 만들지요. 우리가 음료 뚜껑을 열면 압력이 낮아지면서 음료에 녹아 있던 탄산이 날아가서 김이 빠지게 되는 거예요. 물에 녹지 않는 대표적인 기체로는 산소가 있어요. 만약 산소가 물에 녹는다면 공기 중에 산소가 거의 없어지게 되어 우리는 숨 쉴 수 없을 거예요.

김 빠지기 전에 꼴깍꼴깍 마셔!

👆 **한 문장 정리**

물질의 세 가지 상태 중에서 일정한 모양과 부피를 갖지 않는 물질의 상태를 ㄱ ㅊ 라고 해요.

녹는점(어는점), 끓는점

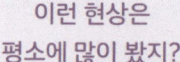
이런 현상은 평소에 많이 봤지?

얼음을 냉장고에서 꺼냈을 때 녹기 시작하는 것을 본 적이 있나요? 또 물을 가열했을 때 물이 끓어서 수증기로 변하는 것을 본 적 있나요? 물이 얼어서 얼음이 되고, 끓어서 수증기가 되는 것처럼 물질은 고체가 되기도 하고 액체가 되기도 하며, 기체가 되기도 해요.

물질이 고체와 액체, 그리고 기체와 같이 다른 상태로 변화하려면 온도의 변화가 필요해요. 상태 변화가 일어나는 온도를 '녹는점(어는점)', '끓는점'이라고 해요.

'녹는점(어는점)'은 고체가 액체가 되거나 액체가 고체가 되는 온도를 말해요. 예를 들어 물의 녹는점(어는점)은

0℃인데, 물의 고체 상태인 얼음이 0℃가 되면 녹기 시작해서 액체 상태인 물이 되어요. 녹는점(어는점)은 물질마다 모두 달라서 물질을 구별할 수 있는 특성 중의 하나예요.

흔히 볼 수 있는 설탕의 녹는점(어는점)은 약 186℃에요. 설탕 과자를 만들 때 국자에 넣은 설탕을 불로 가열하면 설탕이 녹기 시작하는데, 이때의 온도가 약 186℃예요. 소금은 녹는점이 약 800℃로 높아 가열해도 잘 녹지 않아요. 그래서 구워 죽염을 만들 수 있는 것이지요.

* '-'는 영하를 의미함.

물질	녹는점(어는점)	끓는점
에탄올	-114℃	78℃
소금	800.4℃	1,400℃
질소	-210℃	-196℃
물	0℃	100℃
아세톤	-94.6℃	56.1℃

▲ 여러 물질의 녹는점(어는점)과 끓는점

'끓는점'은 액체가 기체가 되거나 기체가 액체가 되는 온도를 말해요. 예를 들어 물의 끓는 점은 100℃인데, 액체 상태인 물을 가열해서 100℃가 되면 기체 상태인 수증기가 되기 시작하지요. 끓는점 역시 물질마다 달라서 물질의 특성에 해당한답니다. 그래서 여러 가지 액체를 구별하는 데 쓰이기도 해요.

우리 주변에서 많이 쓰이는 석유가 바로 끓는점을 활용하는 대표적인 예랍니다. 석유에는 휘발유, 경유, 등유 등 많은 물질이 들어 있는데, 이를 구별하기 위해서 각 물질의 끓는점을 활용한답니다.

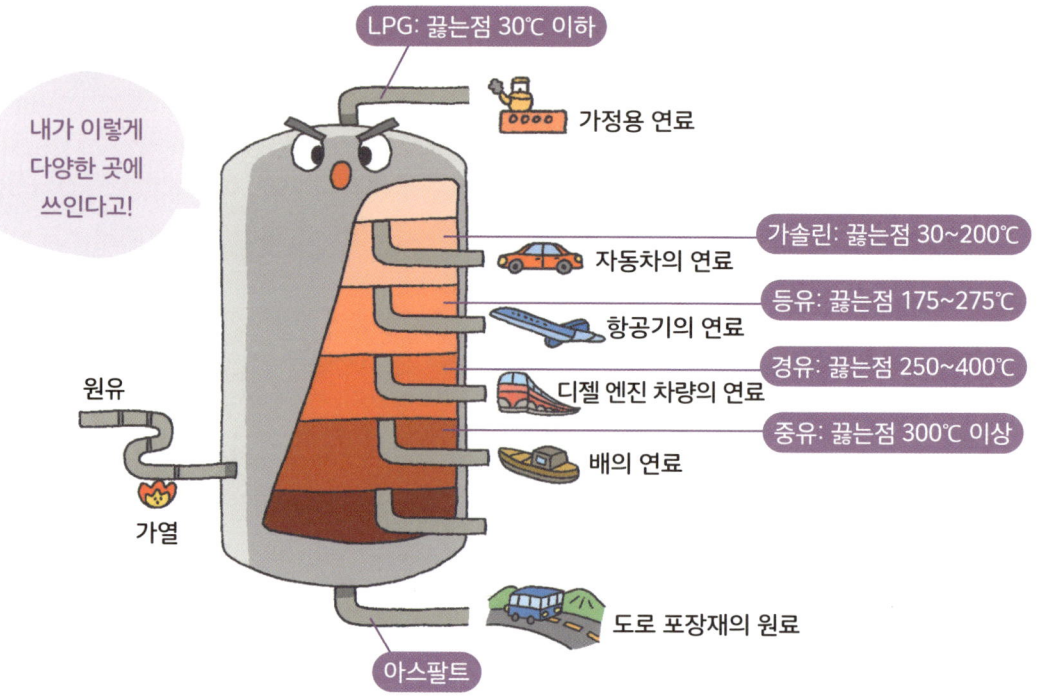

이처럼 물질은 모두 녹는점(어는점)과 끓는점을 가지고 있어요. 물질들이 지닌 녹는점(어는점)과 끓는점은 우리가 생활하고 있는 장소의 기온보다 높을 수도 있고 낮을 수도 있어요. 그래서 물질들은 우리 일상에서 고체, 액체, 기체와 같은 다양한 상태로 존재하고 있는 것이랍니다.

👆 한 문장 정리

고체가 액체가 되거나 액체가 고체가 되는 온도를 녹는점(어는점), 액체가 기체가 되거나 기체가 액체가 되는 온도를  이라고 해요.

물질의 무게

물체의 무게를 재기 위해서 저울을 사용해 본 적 있나요? 아마 체중계에서 자신의 몸무게를 측정해 본 적이 있을 거예요. 무게는 생활에서 자주 쓰이는 개념이에요. 그런데 무게의 의미를 정확하게 알고 있나요?

지구와 지구상의 물체 사이에 작용하는 힘을 '중력'이라고 하지요. '무게'란 중력이 물체를 끌어당기는 힘의 크기를 말해요. 중력이 물체를 끌어당기는 힘의 크기가 클수록 무게가 무겁다고 하고, 작을수록 무게가 가볍다고 해요. 무게의 단위는 kgf(킬로그램중)인데, 우리는 모두 같은 중력이 작용하는 지구에 살고 있으니 f(중)를 뺀 kg(킬로그램)을 무게의 단위로 쓰는 것이지요.

하지만 지구가 아닌 곳에서는 작용하는 중력의 힘이 달라져서 무게가 변할 수 있어요. 만약 우리가 달에서 생활하게 되면 물체의 무게가 달라질 거예요. 달은 지구보다 훨씬 약한 중력을 가지고 있기 때문이에요. 달의 중력은 지구의 6분의 1 정도이기 때문에 만약 지구에서

몸무게가 60kgf의 사람이 달에 가서 몸무게를 잰다면 그 6분의 1인 10kgf로 나와요.

그렇다면 모든 물체는 무게를 가지고 있을까요? 무게가 전혀 느껴지지 않는 공기와 같은 기체도 말이에요. 정답은 '그렇다'예요. 단지 우리가 생활할 때 공기에 둘러싸여 생활하기 때문에 그 무게를 느끼지 못하는 것이랍니다.

그렇다면 공기에 무게가 있다는 것을 어떻게 알 수 있을까요? 공기와 같은 기체도 무게를 측정할 수 있어요. 풍선처럼 기체를 담을 수 있는 물건을 준비해서 기체를 담기 전과 후의 무게를 측정해 보면 기체를 담았을 때 무게가 더 무겁다는 것을 알 수 있어요. 이것으로 공기와 같은 기체도 무게를 지닌다는 사실을 알겠지요?

기체의 종류마다 무게도 달라서 재미있는 현상을 관찰할 수 있어요. 우리가 입으로 분 풍선은 손에서 놓으면 바닥으로 가라앉지만, 놀이공원에서 산 풍선은 손에서 놓으면 하늘 위로 올라가요. 우리가 입으로 분 풍선 안에는 공기보다 무거운 기체가 많이 들어 있고, 놀이공원에서 파는 풍선 속에는 공기보다 가벼운 기체인 헬륨이 들어 있기 때문이랍니다.

👆 **한 문장 정리**

 는 지구의 중력이 물체를 끌어당기는 힘의 크기를 말해요.

물질의 부피

우리 주변의 물체는 모두 공간을 차지하고 있어요. 물체가 차지하는 공간의 크기를 '부피'라고 해요. 모든 물체는 물질로 이루어져 있다고 했지요. 물질은 분자라는 입자로 이루어져 있고요. 고체, 액체, 기체는 물질을 이루는 이 입자의 특징이 서로 달라요. 그렇다면 고체와 액체, 기체의 부피에는 어떤 차이점이 있을까요?

고체는 물질의 입자가 빽빽하고 규칙적으로 배열되어 있어서 입자끼리의 거리가 매우 좁아요. 그래서 입자들이 거의 움직이지 못해요. 이 때문에 고체에 힘을 주거나 고체를 가열해도 부피와 모양이 거의 변하지 않는 것이랍니다.

액체는 고체보다 입자 간 거리가 멀어 입자가 비교적 자유롭게 움직일 수 있어요. 그래서 담는 그릇에 따라 모양이 변하지요. 물을 얼릴 때 다양한 얼음 틀을 쓰기도 하지요? 틀 모양대로 얼음이 되는 액체의 성질을 이용한 것이지요.

예쁜 모양의 틀에 액체를 얼리면 더 맛있어 보이지요?

그렇다면 액체는 부피도 바뀌는 경우가 있을까요? 액체를 가열하면 액체를 이루는 입자가 더 활발히 움직이게 되고, 움직임이 커진 입자들은 액체의 부피를 증가시켜요. 이러한 원리를 이용한 것이 바로 온도계예요. 온도가 올라가면 온도계 안에 있는 액체의 부피가 늘어나는 현상을 관찰할 수 있는데 그것으로 온도를 측정할 수 있지요.

기체는 입자가 가장 자유롭게 움직일 수 있는 상태예요. 그래서 모양과 부피가 가장 쉽게 또 많이 변한답니다. 풍선이나 주사기, 과자 봉지처럼 기체가 들어 있는 물체를 누르면 쉽게 움푹 들어가고 모양이 바뀌는 것을 관찰할 수 있어요. 비행기에 탔을 때 과자 봉지가

나 열받으면 쭉쭉 올라가!

빵빵해지거나, 열기구가 하늘 위로 뜨는 것, 물속에서 생긴 공기 방울이 수면 위로 올라갈수록 점점 커지는 것도 모두 기체의 부피 변화와 관련된 현상이랍니다.

튀르키예의 카파도키아는 열기구로 유명해요.

 한 문장 정리

물체가 차지하는 공간의 크기를 ㅂ ㅍ 라고 해요.

문해력 튼튼

● 다음 뉴스를 읽고, 물음에 답해 보세요.

세상에서 가장 가벼운 고체

▲ 에어로겔

　세상에서 가장 가벼운 고체는 무엇일까요? 바로 2002년 기네스북에 '지구에서 가장 가벼운 고체'로 등록된 '에어로겔'입니다. 에어로겔은 200ml 우유팩 정도 크기가 0.6g정도밖에 안 될 정도로 굉장히 가볍습니다. 감이 잘 안 잡힌다고요? 에어로겔의 무게는 공기의 세 배 정도밖에 안 됩니다. 그러니 얼마나 가벼운지 알 수 있겠지요? 에어로겔이 이렇게 가벼운 이유는 대부분 공기로 이루어져 있기 때문입니다. 에어로겔은 부피의 99.9%가 공기이고, 아주 일부만 고체 물질로 채워져 있습니다.

　에어로겔은 불에 타지 않는 특징도 있어 열을 막는 단열재나 소방관의 방화복에도 쓰일 수 있습니다. 또 무거운 무게를 지탱

할 수 있어서 의류나 건축의 재료로도 쓰일 수 있습니다. 이외에도 먼지를 걸러 주거나 소리를 차단해 주는 특징도 있어요. 이러한 특징을 지닌 에어로겔은 버려진 의류나 페트병을 활용하여 만들 수 있어서, 친환경 신소재로 떠오르고 있습니다.

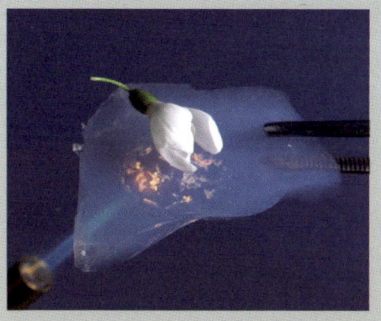
▲ 불에 타지 않는 에어로겔

● 에어로겔의 특징을 찾아 밑줄을 그어 보세요.

● 내가 모르는 개념에 ○표를 하고, 사전이나 인터넷 등을 활용하여 그 뜻을 찾아보세요.

 방구석 실험실

소금과 얼음으로 아이스바 만들기

여러분은 아이스바를 좋아하나요? 더운 여름이 되면 그 달콤한 맛이 저절로 생각나요. 꼭 사지 않아도 집에서도 소금과 얼음으로 어렵지 않게 아이스바를 만들 수 있어요. 한번 시도해 볼까요?

> **준비물**
> 주스, 비닐장갑, 나무젓가락, 컵, 잘게 부순 얼음, 소금, 숟가락

● **실험 순서**

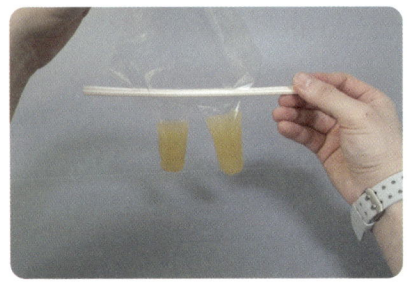

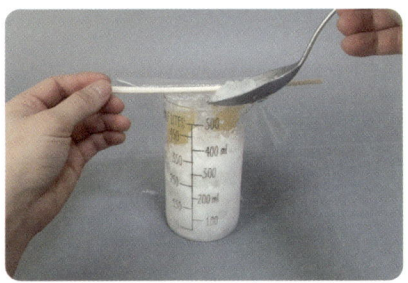

❶ 비닐장갑의 손가락 부분에 주스를 넣고, 비닐장갑 손가락의 윗부분을 나무젓가락의 틈에 끼워 고정해요.

❷ ❶에서 만든 비닐장갑을 큰 컵에 넣고, 잘게 부순 얼음과 소금을 번갈아 가면서 골고루 넣어요.

❸ 일정한 시간이 지난 뒤에 비닐장갑을 컵에서 꺼내어 살펴봐요.

❹ 액체였던 주스가 언 것을 확인해요.

● 주의 사항

비닐장갑을 컵 깊숙이 넣고 소금과 얼음에 잠기도록 해야 주스가 잘 얼어요. 소금과 얼음이 골고루 퍼지도록 넣어 주세요.

● 실험의 의의

이 실험을 통해 소금과 얼음이 만나 녹을 때 열이 필요하기 때문에, 주변에 있는 주스는 가지고 있던 열을 빼앗기고 온도가 어는 점 아래로 내려가면서 얼게 됨을 알 수 있어요.

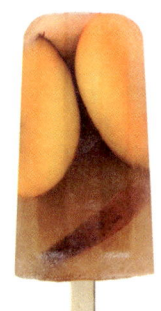 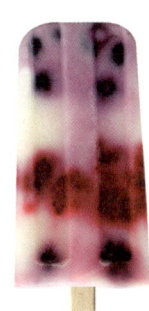   

5

소리의 성질

세상에 정말 많은 소리가 있지요? 우리는 매일 여러 소리를 들으면서 살아요. 듣기 좋은 소리도 있고 듣기 싫은 소리도 있어요. 이런 소리들은 우리에게 어떻게 들리게 되는지, 또 다양한 소리는 어떻게 나는지 탐구해 볼까요?

소리

그림에서 소리가 나는 곳에 ○표를 해 보세요!

우리 주변에는 많은 소리가 있어요. 친구가 내 이름을 부르는 것과 같은 사람의 목소리, 새가 지저귀고 강아지가 짖는 것과 같은 다른 동물의 소리, 바람이 불거나 파도가 치는 것 같은 자연의 소리, 차가 지나가는 것과 같은 기계 소리 등 우리는 들으려 하지 않더라도 많은 소리를 들으며 살아가요.

'소리'란 어떤 물질이 떨릴 때 그 떨림이 주변의 다른 물질들을 타고 퍼져 나가는 현상을 말해요. 예를 들어 새소리는 새가 만들어 낸 떨림이 주변 물질을 타고 우리에게까지 퍼져 와서 들리는 거예요.

우리가 떨림을 소리라고 느끼는 이유는 귀 때문이에요. 귓구멍 안에는 고막이라는 얇은 막이 있는데, 이 막이 울리면 소리를 더 안쪽으로 전해 줘요.

소리가 떨림이라는 것은 쉽게 확인할 수 있어요. 목소리를 낼 때 목에 손을 대 보면 목이 떨리지요. 소리가 크게 나는 악기나 스피커를 만져 보면 떨림을 느낄 수 있답니다.

> **한 문장 정리**
>
>  는 어떤 물질의 떨림이 주변 물질을 타고 퍼져 나가는 현상을 말해요.

소리의 진동

무언가가 떨리는 것처럼 일정한 시간 간격으로 움직임이 반복되는 운동을 '진동'이라고 해요. 이러한 진동이 사방으로 퍼져 나가는 현상을 '파동'이라고 해요.

연못이나 호수에 돌을 던지면 돌이 떨어진 곳을 중심으로 모든 방향으로 물결이 생겨요. 돌이 만든 진동으로 물결이라는 파동이 생긴 것이지요. 이 파동은 시작 지점부터 모든 방향으로 계속해서 퍼져 나가요.

빗방울이 물에 떨어질 때도 파동이 생겨요.

소리도 이와 같은 원리로 생겨요. 소리 역시 발생한 지점에서부터 퍼져 나가지요. 다만 소리는 주로 공기를 통해 전달되기 때문에 눈에 보이지 않을 뿐이에요.

소리가 나는 스피커에 손가락을 대면 소리의 진동을 느낄 수 있어요. 소리가 클 때는 스피커의 표면이 움직이는 것도 볼 수 있지요. 소리의 세기가 더 세지면 파동도 더 세게 느낄 수 있답니다.

악기를 두드릴 때 생기는 진동이 그려지나요?

 한 문장 정리

일정한 시간 간격으로 움직임이 반복되는 운동을 ㅈ ㄷ 이라고 해요.

매질

소리는 진동이며 주변 물질에 의해 전달돼요. 멀리서 난 소리도 물질을 통해 전달되어 그 소리를 들을 수 있지요. 이처럼 진동을 전달하는 물질을 '매질'이라고 해요. 평소 우리는 공기 속에서 생활하고 있기에 우리가 듣는 대부분의 소리는 공기라는 매질을 통해 전달돼요. 공기뿐만 아니라 다양한 물질이 매질이 될 수 있답니다.

수영장이나 바다에 가 본 경험이 있다면 소리가 액체를 통해서도 전달되는 것을 느꼈을 거예요. 수영장 물속에 있더라도 음악 소리나 물 밖에 있는 사람의 목소리를 들을 수 있었지요? 그건 바로 물이 소리를 전달하는 매질이기 때문이에요.

기체나 액체뿐 아니라 고체를 통해서도 소리가 전달될 수 있답니다. 실 전화기를 만들어 본 경험이 있거나 책상에 귀를 대고 책상을 두드려 본 경험이 있다면 실이나 나무와 같은 고체도 소리를 전달하는 매질이 된다는 것을 쉽게 알 수 있어요.

　같은 소리라도 매질의 종류에 따라 속도가 달라져요. 공기와 같은 기체 매질보다는 물과 같은 액체 매질이, 또 액체 매질보다는 나무나 흙과 같은 고체 매질이 더 빠르게 소리를 전달할 수 있어요.

　우리 주변에 있는 공기는 소리를 340m/s(미터 퍼 세컨드)의 속도로 전달해요. m/s는 어떤 대상이 1초에 이동할 수 있는 거리를 의미해요. 340m/s라면 공기가 소리를 1초에 340m 떨어진 곳까지 전달할 수 있다는 뜻이에요.

　기체도 그 종류마다 소리를 전달하는 속도가 달라요. 놀이공원에서 파는 둥둥 뜨는 풍선 속에 들어 있는 헬륨이라는 기체는 공기보다 더 빠르게 소리를 전달해요. 헬륨이 공기보다 진동이 더 잘 일어나기 때문이에요.

물과 같은 액체는 보통 1,500m/s 정도의 속도로 소리를 전달해요. 이는 공기보다 네 배 이상 빠르지요. 액체 역시 종류에 따라 소리를 전달하는 속도가 달라요.

고체 역시 종류에 따라 소리를 전달하는 속도가 달라요. 생활에서 많이 쓰이는 고체 가운데 하나인 철은 소리를 5,000m/s 정도의 속도로 전달하고 구리는 3,500m/s 정도의 속도로 전달해요.

> 한 문장 정리

 은 소리를 전달하는 물질을 말하는데, 그 종류에 따라 소리를 전달하는 속도가 달라요.

종파와 횡파

소리를 포함한 모든 파동은 매질의 움직임을 통해 전달되어요. 매질의 움직임은 크게 두 가지로 나눌 수 있어요. 매질이 진동하는 방향과 파동이 진행하는 방향이 나란한 파동을 '종파'라고 해요. 소리는 종파에 해당해요.

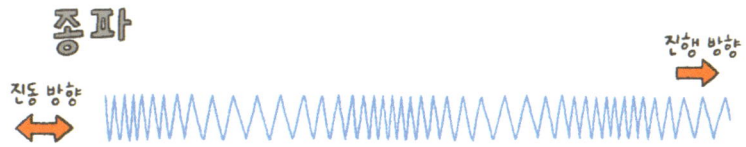

매질이 진동하는 방향과 파동이 진행하는 방향이 수직인 파동을 '횡파'라고 해요. 앞에서 이야기했던 물결이나 빛 등이 횡파에 해당해요.

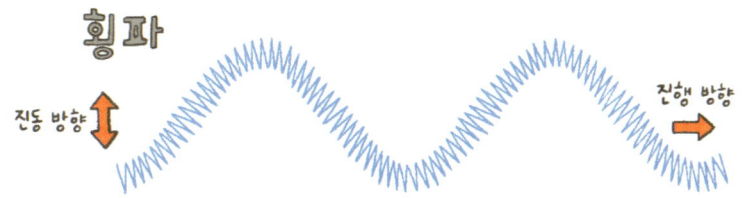

땅이 흔들리는 지진도 파동이에요. 지진은 큰 에너지를 가지고 있어 발생했을 때 건물이 무너지기도 하지요? 지진은 횡파와 종파로 나누어 전달돼요. 지진파 중에서 종파는 진행 방향과 진동 방향이 같아서 그 때문에 생기는 충격이 상대적으로 약해요. 하지만 횡파는 진행 방향에 수직으로 진동하기 때문에 큰 피해를 주지요.

▲ 지진 피해를 입은 마을

한 문장 정리

매질의 진동 방향과 파동의 진행 방향을 기준으로 하여 두 방향이 나란하면 ㅈ ㅍ , 두 방향이 수직이면 횡파라고 해요.

소리의 전달

소리는 물체가 만들어 낸 진동이 주변으로 퍼져 나가서 생긴다고 했지요? 그렇다면 소리가 처음 난 곳에서 떨어져 있어도 그 소리를 들을 수 있는 이유는 무엇일까요?

소리는 소리가 난 주변에 있는 다양한 물질을 통해 우리에게 전달돼요. 예를 들어 멀리 떨어져 있는 친구가 나를 부르는 상황이라고 생각해 볼까요? 소리가 처음 만들어진 곳은 친구의 목이에요. 친구가 말을 하면서 목이 진동하지요. 친구의 목에서 만들어진 진동이 그 주변에 있는 공기를 진동하게 만들고, 그 진동은 점점 나에게 전달돼요. 그러다가 내 귀의 고막까지 진동하게 만들고 이러한 고막의 진동이 뇌에 전달돼서 소리라고 느끼게 되지요.

윤아!
내 목소리 들려?

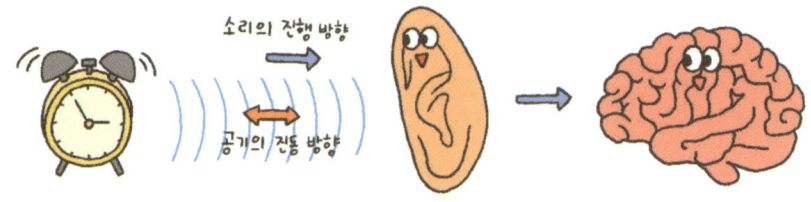

▲ 소리가 전달되는 과정

이렇게 소리는 공기를 통해 진동하기 때문에 멀리 전달될 수 있고, 그 덕분에 우리는 멀리서 발생한 소리도 들을 수 있어요. 하지만 소리는 전달되는 물질에 따라 더 잘 전달되기도 하고 잘 전달되지 않기도 한답니다. 우주에서는 소리를 전달할 공기가 없어 우주 비행사들은 우주복의 특수한 장치를 이용해 소리를 전달해요.

 한 문장 정리

소리는 진동으로서 소리가 난 주변의 ㅁ ㅈ 을 통해 전달돼요.

소리의 3요소

여러분은 어떤 소리를 좋아하나요? 배고플 때 라면이 보글보글 끓는 소리, 솔숲 사이로 상쾌한 바람이 쏴쏴 불어오는 소리, 좋아하는 가수가 부드럽게 노래하는 소리, 카메라로 꽃을 찰칵 찍는 소리 등 여러 소리가 있을 거예요. 우리는 각각의 소리를 어렵지 않게 구별할 수 있어요. 때로는 오케스트라처럼 여러 소리가 어울려 아름다운 소리를 내는 경우도 있지요. 악기 소리를 하나씩 들을 때는 저마다 다르지만 여러 악기가 합쳐졌을 때는 또 다른 소리가 만들어지기도 하지요.

오케스트라를 이루는 많은 악기는 각자 자신의 역할을 다하고 있어요.

소리는 저마다 다양한 특성이 있어요. 소리의 여러 특성 중에서 소리의 높낮이, 소리의 세기, 음색을 소리의 3요소라고 해요. '소리의 높낮이'는 소리의 높고 낮은 정도를 말해요. 피아노 등의 악기로 높은음과 낮은음을 구별할 수 있어요. '소리의 세기'는 소리의 크고 작은 정도를 뜻해요. 우리는 텔레비전의 볼륨 버튼으로 소리의 세기를 조정하지요. '음색'은 어떤 소리가 지닌 독특한 성질을 말해요. 같은 높낮이, 같은 세기의 소리라도 누가 말하느냐에 따라 다르게 느껴지는 것은 바로 음색 때문이랍니다.

👆 한 문장 정리

소리의 높낮이, 소리의  , 음색을 소리의 3요소라고 해요.

소리의 높낮이

소리의 높낮이는 소리의 '진동수'와 관련 있어요. 소리는 눈에 보이지 않지만 실제로는 같은 모양을 반복하며 이동해요. 이때 반복되는 모양 한 개만큼을 '파장'이라고 해요. 다음 그림을 보면 같은 모양이 반복되고 있지요?

이렇게 파동의 형태를 그린 것을 '파형'이라고 해요.

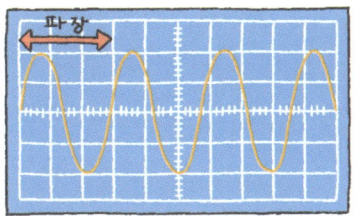 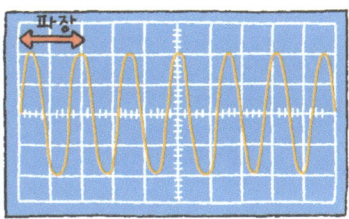

높은 소리는 같은 모양이 빠르게 반복되고, 낮은 소리는 높은 소리보다는 적게 반복되는 것을 알 수 있어요. '진동수'는 파장이 1초 동안 반복되는 횟수를 말해요. 높은 소리는 진동수가 크고 낮은 소리는 진동수가 작아요.

진동수의 단위로는 'Hz(헤르츠)'를 사용해요. 100Hz면 특정한 모양이 1초에 100번 반복되는 소리라는 뜻이에요. 라디오 채널을 말할 때에도 Hz를 써요. 107.7MHz는 파동이 1초에 107,700,000번 반복되는 소리라는 뜻이에요. Hz 앞의 M은 '100만'을 뜻한답니다.

사람은 보통 20Hz~20,000Hz의 소리를 들을 수 있어요. 나이가 들수록 이 범위는 점점 좁아져서 어린이는 들을 수 있지만 어른은 듣지 못하는 소리도 있답니다. 20,000Hz 이상의 소리는 사람이 들을 수 없는데, 이런 소리를 '초음파'라고 해요. 돌고래는 초음파를 낼 수 있어요. 초음파는 앞에 있는 물체에 맞으면 반사되어 돌아와요. 돌고래는 이를 이용하여 먹이를 찾거나 사물을 피하기도 해요.

악기는 줄이나 관의 길이를 이용하여 소리의 높낮이를 표현해요. 피아노 건반에는 줄이 연결되어 있는데, 높은음일수록 짧은 줄과 연결되어 있어요. 글로켄슈필은 음마다 각각 다른 길이의 판으로 되어 있는데, 판의 길이가 긴 음이 낮은음, 길이가 짧은 음이 높은음이에요.

이쪽이 낮은음인 거 알지? 낮아도 음색은 맑아.

높은 소리는 일상의 여러 상황에서 쓰여요. 구급차나 소방차의 경보음은 높은 소리로 울려서 주변 사람들의 주의를 집중시켜요. 운동 경기를 할 때 심판이 부는 호루라기도 선수들에게 전하려는 바를 쉽게 알리기 위해 높은 소리가 난답니다.

👆 한 문장 정리

소리의 ㄴ ㄴ ㅇ 는 소리의 높고 낮음을 가리켜요. 높은 소리는 진동수가 크고, 낮은 소리는 진동수가 작아요.

소리의 세기

소리의 세기는 소리의 강약이라고도 해요. 큰 소리는 순간적으로 주변의 공기를 큰 압력으로 밀어내요. 이러한 소리를 그래프로 나타내면 다음 그림과 같이 그려져요. 큰 소리는 압력이 크기 때문에 그래프가 위아래로 크게 움직이고, 작은 소리는 작게 움직이는 것을 알 수 있지요.

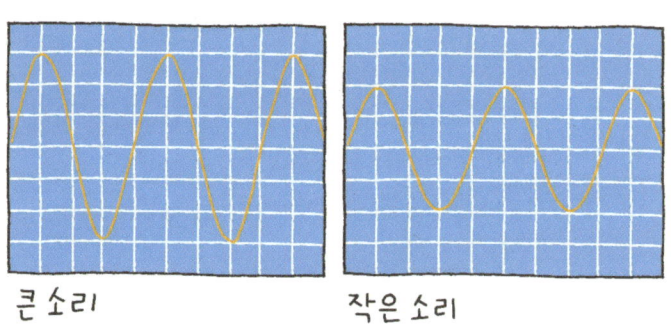

큰 소리로 말하면 세기가 큰 파동이 귀에 들어와요.

큰 소리 / 작은 소리

세기가 큰 파동이 우리 귀로 들어오면 고막에 큰 압력이 가해져요. 소리가 점점 커질수록 그만큼 점점 더 큰 압력이 가해지기 때문에 귀를 다칠 수도 있어요. 흔히 고막이 터진다고 하지만, 그보다는 고막이 찢어진다는 표현이 더 정확한 표현이에요.

소리 세기의 단위로는 'dB(데시벨)'을 사용해요. 10dB은 우리가 숨 쉬는 소리 크기 정도이고, 100dB은 헬리콥터 소리 크기 정도예요. dB이 열 배가 크다고 해서 실제 소리의 크기가 열 배 더 커지는 것은 아니에요. dB은 우리가 편하게 구분하기 위해 작은 숫자로 나타낸 것이지요. 실제로 100dB은 10dB의 100,000배만큼 시끄럽답니다.

요즘 공동 주택에서 발생하는 층간 소음으로 사회 문제가 많이 발생하고 있지요? 층간 소음의 기준은 법으로 정해져 있어요. 1분간 발생하는 소음의 평균치가 낮에는 43dB, 밤에는 38dB 이상이면 법으로 처벌할 수 있

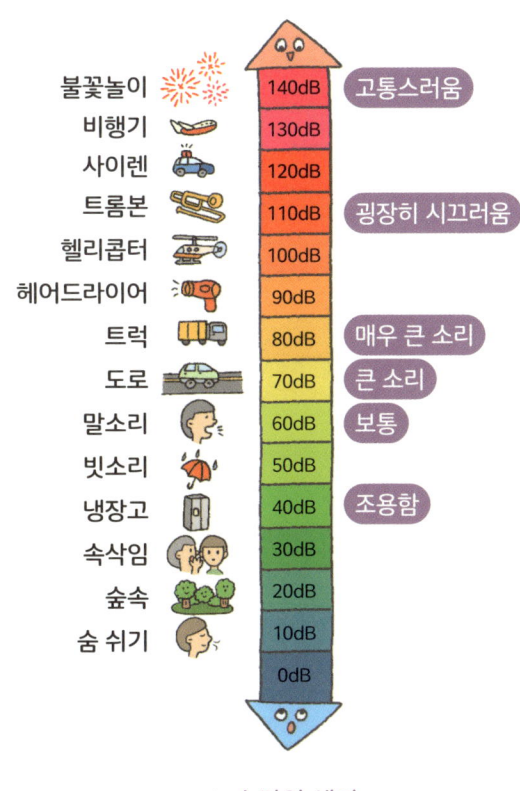

▲ 소리의 세기

답니다.

　소리의 세기를 쉽게 측정하기 위해서 소음 측정기를 사용할 수 있어요. 요즘에는 소리의 세기를 측정하는 애플리케이션도 개발되어 더욱 쉽게 측정할 수 있답니다.

▲ 소음 측정기

한 문장 정리

소리의 ㅅ ㄱ 는 소리가 얼마나 큰 소리인지를 뜻해요.

음색

두 친구가 같은 높낮이, 같은 세기의 소리로 말해도 우리는 누가 말했는지 구분할 수 있어요. 그것은 바로 사람마다 음색이 다르기 때문이에요. '음색'은 이러한 소리의 질을 가리켜요. 음색(音色)의 한자 중에서 '색'은 '색상(色相)'의 '색'과 같은 한자예요. 같은 파란색이라도 바다의 파란색과 하늘의 파란색이 다르듯, 목소리에도 색깔이 있는 *셈이지요.

여러 악기를 같은 높낮이, 같은 세기로 연주하여 그래프로 나타내면 다음 그림처럼 그려져요. 같은 패턴이 반

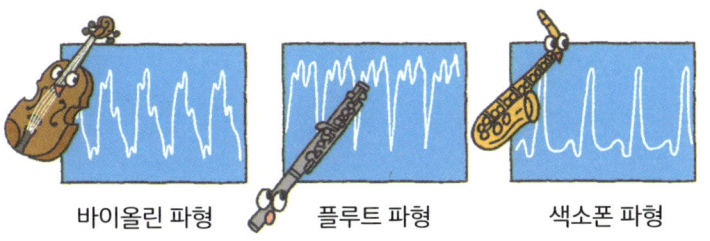

바이올린 파형   플루트 파형   색소폰 파형

어떤 악기의 소리를 제일 좋아하니?

★ 셈 따져 보면 '결국 어떠한 것을 하는 것과 마찬가지이다'의 뜻을 나타내요.

165

복되지만, 악기마다 패턴의 생김새가 다름을 알 수 있어요. 또한 같은 악기라도 악기를 만드는 재료나 방법 등에 따라 음색이 조금씩 다를 수 있어요. 같은 단소라도 플라스틱으로 만든 단소와 나무로 만든 단소의 소리가 다른 것이 그 예이지요.

　사람은 저마다의 음색이 있어요. 이렇게 사람마다 목소리가 다르다는 것을 이용하여 범죄자를 잡기도 해요. 요즘에는 음성 인식 기술의 발달로 에이아이(AI)가 사람들의 목소리를 구별하지요. 이러한 기술을 이용하여 출입을 통제하거나 특정한 사람에게 맞는 다양한 서비스를 제공하기도 한답니다.

▎한 문장 정리

저마다 다른 소리의 질을  이라고 해요.

소리의 반사와 흡수

 소리는 파동으로 매질을 통해 전달돼요. 그런데 같은 소리라도 더 멀리 있는 사람에게는 들리지 않기도 하고, 어느 장소에서는 더 잘 들리기도 해요. 소리가 공기 중에서 전달되다가 딱딱한 물체를 만나면 소리의 진동 일부는 물체를 지나가거나 흡수되고, 나머지 일부는 반사돼요. 산의 정상에 올라가서 '야호'를 외쳤을 때, 한 번만 외쳤더라도 여러 번 외친 것처럼 소리가 메아리치는 것이 소리의 반사를 보여 주는 대표적인 예이지요. 소리가 산에 부딪쳐서 반사되고, 반사된 소리의 진동이 여러 번

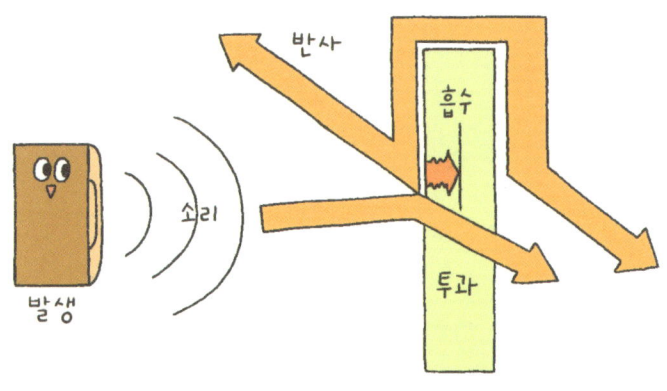

▲ 소리의 반사와 흡수

외친 것처럼 우리에게 들리는 것이지요. 동굴도 사방이 딱딱한 암석으로 둘러싸인 공간이라 산에서와 비슷한 현상이 일어나요.

　이렇게 소리가 반사되거나 흡수되는 것을 일부러 이용하기도 해요. 공연장이나 강당의 벽과 천장은 잘 들려야 하는 소리는 반사하고 필요 없는 소리는 흡수하여 관객석에 있는 사람들이 소리를 더 잘 들을 수 있게 설계되어 있어요.

👉 **한 문장 정리**

소리는 딱딱한 물체를 만나면 일부는 물체를 지나가고, 일부는  되거나 흡수돼요.

방음

 시끄러운 소리가 나서 만화책을 읽는 데에 방해를 받은 적이 있나요? 남들 모르게 비밀 대화를 나누려고 했던 적은요? 이와 같은 상황에서 소리가 새어 나가거나 들어오지 않게 막는 것을 '방음'이라고 해요. 방음은 소리가 물체를 만났을 때 반사되거나 흡수되는 원리를 이용해요.

 큰 도로나 고속 도로를 지나가다 보면 양쪽으로 높게 솟아 있는 벽을 볼 수 있어요. 바로 '방음벽'이에요. 큰 도

▲ 방음벽

로나 고속 도로에서는 많은 차가 빠르게 달려서 소음이 발생해요. 그래서 도로에 방음벽을 세워 소음이 반사되거나 흡수되게 하여 벽 너머로 전달되는 것을 막아요.

아파트 단지 주변에 있는 키 큰 나무들도 소리를 막아 주는 역할을 해요. 아파트 단지에서 도로 근처나 주차장 출입구가 가까운 곳에는 키가 큰 나무가 심긴 것을 흔히 볼 수 있어요. 큰 나무는 나뭇가지나 나뭇잎이 풍성해요. 그래서 소리가 나뭇잎과 나뭇가지에 부딪쳐 반사와 흡수를 반복하게 되고, 이 덕분에 시끄러운 소리가 집으로 넘어오지 않게 막을 수 있어요.

▲ 방음을 위해 아파트와 도로 사이에 심은 나무

소리가 크게 나는 악기 연습실이나 공연장에도 방음이

필요해요. 악기 연습실에는 두꺼운 문을 달아서 문으로 소리가 새어 나가는 것을 막아요. 벽에는 소리를 흡수하는 푹신푹신한 스펀지를 둘러싸는데, 스펀지 사이 공간으로 소리가 흡수되어 소음이 줄어들어요. 공연장에도 벽에 커튼을 치거나 *흡음판을 설치해서 공연에 필요 없는 소리가 들리는 것을 막아요.

이외에도 스펀지 형태의 귀마개를 끼거나 귀를 손으로 막는 것 역시 소리를 막을 수 있는 방법이에요.

▲ 귀마개

* **흡음판** 소리를 빨아들이는 널빤지예요.

👉 **한 문장 정리**

 은 소리가 새어 나가거나 들어오지 못하도록 막는 것을 말해요.

문해력 튼튼

● 다음 글을 읽고, 물음에 답해 보세요.

우주에서도 소리를 들을 수 있을까?

　우리는 다른 사람과 생각이나 느낌을 주고받기 위해서 말을 해요. 선생님의 수업이나 재미있는 영화도 모두 소리로 전달되지요. 그렇다면 지구가 아닌 우주나 다른 행성에서도 소리를 들을 수 있을까요?

　우주와 다른 행성에서는 소리를 들을 수 없어요. 그 이유는 소리가 진동으로 퍼져 나가기 때문이에요. 무슨 소리냐고요? 소리가 전달되려면 진동을 전달할 물질인 매질이 필요해요. 지구에서는 항상 공기가 우리 주변을 둘러싸며 매질 역할을 하기 때문에 소리가 잘 전달되어요. 하지만 우주나 다른 행성에는 공기가 없지요. 이것은 곧 매질이 존재하지 않는다는 것이고 소리가 들리지 않는다는 의미지요.

우주를 배경으로 한 「그래비티」라는 영화는 주인공이 고치던 우주 장치가 폭발했는데도 매우 조용한 장면이 나와요. 이 때문에 주변에 있던 동료가 폭발한 장치의 파편을 맞을 뻔하지요.

그렇다면 우주에서는 소통을 아예 못 할까요? 우주에서 입는 우주복 안에는 공기가 들어 있고, 무전기와 비슷한 통신 장치가 달려 있어요. 이 덕분에 우주선에서 멀리 떨어져 있어도 의사소통할 수 있답니다.

● 우주에서 소리를 들을 수 없는 이유를 정리해 보세요.

 방구석 실험실

유리잔으로 아름다운 소리 내기

  손가락으로 유리잔의 테두리를 문지르면 유리잔이 진동하게 되고, 이 진동 때문에 유리잔에 담긴 물도 진동해요. 이 진동이 공기로 전달되면 소리가 발생한답니다. 유리잔에 넣는 물의 양에 따라 고유의 진동수는 달라져요. 진동수가 변하면 소리의 높낮이도 달라져 연주를 할 수 있답니다.

준비물

와인 잔(또는 유리컵), 물

● **실험 순서**

 ❶ 와인 잔을 준비해요.

 ❷ 와인 잔에 적당량의 물을 넣어요.

❸ 손가락에 물을 묻히고 와인 잔 테두리를 천천히 문질러 소리를 내요.

❹ 여러 개의 잔을 준비해 연주해 보세요.

● 주의 사항

집에 와인 잔이 없으면 테두리가 얇고 손잡이가 없는 유리잔으로 실험해도 돼요. 단, 같은 컵으로 실험하고 물의 양만 다르게 해요.

● 실험의 의의

이 실험을 통해 물질마다 진동수가 다르다는 것을 알 수 있고, 진동수에 따라 다른 높낮이로 소리가 난다는 것을 알 수 있어요.

부록

한 문장 정리 모아 보기

앞에서 읽은 내용을 떠올리며, 빈칸에 들어갈 개념들을 써 보세요. 기억이 잘 나지 않을 때는 옆에 적힌 쪽에서 힌트를 얻을 수 있어요.

1. 재미있는 나의 탐구

- 궁금증을 해결하기 위해 살피고 연구하는 것을 ◯◯ 라고 해요. ········ ▶ 15쪽
- 탐구 문제는 관찰이나 ◯◯ 을 통해 해결할 수 있는 문제여야 하고, 정해진 시간 안에 해결 가능해야 하며, 탐구자의 수준에 맞는 것이어야 해요. ·············· ▶ 17쪽
- 탐구를 실행하기 전에 탐구에 대해 생각해 보는 단계를 탐구 ◯◯ 이라고 해요. ▶ 20쪽
- ◯◯◯ 는 실험에서 같게 해 주거나 다르게 해 줄 점을 조절하는 것이에요.
  ·· ▶ 22쪽
- ◯◯◯ 은 앞에서 세운 탐구 계획을 직접 실행에 옮기는 단계예요. ···· ▶ 24쪽
- ◯◯◯ 를 정리할 때는 관찰한 내용을 그대로 기록해야 해요. ········· ▶ 27쪽

2. 동물의 생활

- 동물은 ◯◯ 을 하면서 먹이를 찾아요. ······································ ▶ 37쪽
- 동물들은 사는 곳의 ◯◯ 에 적합한 생김새를 가지고 있어요. ·········· ▶ 39쪽
- 척추가 있는 동물을 척추 동물, 없는 동물을 ◯◯ 동물이라고 해요. ······ ▶ 42쪽
- ◯◯ 가 있는 동물 중에는 하늘을 나는 것도 있지만, 날 수 없는 것도 있어요. ···· ▶ 45쪽
- ◯◯ 의 개수는 동물마다 다양해요. ··· ▶ 47쪽

178

- 동물은 몸의 형태에 따라 ◯◯ 대칭 동물과 방사 대칭 동물로 나눌 수 있어요. ▶ 49쪽
- ◯◯ 는 어떤 동물이나 식물이 살아가고 있는 자연환경을 말해요. ▶ 51쪽
- 초원과 삼림, 사막에 사는 동물들은 모두 ◯ 에 사는 동물들로, 사는 곳의 기후나 특징에 따라서 다양한 특징을 가지고 있어요. ▶ 55쪽
- ◯ 에 사는 동물에는 바다와 같이 짠물에 사는 동물, 강이나 호수와 같이 짜지 않은 물에 사는 동물, 장어나 연어처럼 짠물과 짜지 않는 물을 오가며 사는 동물이 있어요. ▶ 58쪽
- 하늘을 나는 동물들은 ◯◯ 또는 날개 역할을 하는 부분을 가지고 있어요. ▶ 60쪽
- 동물마다 살아가려고 먹는 ◯ 가 다양해요. ▶ 62쪽
- ◯◯ 동물은 식물을 먹고 사는 동물을 말해요. ▶ 65쪽
- ◯◯ 동물은 동물을 먹고 사는 동물을 말해요. ▶ 68쪽
- ◯◯ 동물은 식물과 동물을 모두 먹는 동물을 말해요. ▶ 70쪽
- 동물의 ◯ 은 우리 생활에 다양하게 활용되고 있어요. ▶ 73쪽

3. 지표의 변화

- ◯◯ 은 지표의 여러 가지 모습으로, 시간이 지나면서 여러 자연 현상에 의해 변화해요. ▶ 83쪽
- 흐르는 물인 ◯◯ 는 오랜 시간에 걸쳐 지표를 변화시켜요. ▶ 85쪽
- 강물이 여러 가지 물질을 옮겨 나르는 것을 ◯◯◯ 이라고 해요. ▶ 87쪽
- 흐르는 물에 의해 운반된 물질들이 더 이상 운반되지 못하고 쌓이는 것을 ◯◯◯ 이라고 해요. ▶ 89쪽

- 흐르는 물에 의해 토양이나 바위 등이 깎이는 것을 ⬤⬤ 이라고 해요.
  ··▶ 91쪽

- 바닷가 주변에서도 침식, 운반, 퇴적 작용이 일어나 뻥 뚫린 ⬤⬤ 이나 호수 등 다양한 지형이 만들어져요. ··▶ 93쪽

- ⬤⬤⬤ 은 암석이 파도에 의해서 침식되어 만들어져요. ··············▶ 95쪽

- ⬤⬤ 은 잠겨 있다가 바닷물이 빠져나갈 때 드러나는 평평한 땅이에요. ·········▶ 98쪽

- ⬤⬤⬤ 는 모래가 파도에 의해 해안에 퇴적되어 만들어져요. ·······▶ 101쪽

- 암석이 여러 과정을 거치며 그 알갱이가 작아지고 화학 물질 등이 포함되면 ⬤ 이 돼요.
  ··▶ 103쪽

- 암석이 공기, 물, 미생물 등의 작용으로 성분이 변하거나 작게 부서지는 과정을 ⬤⬤ 이라고 해요. ··▶ 105쪽

- 암석이 성분 변화 없이 잘게 부서지는 것을 ⬤⬤ 풍화 작용이라고 해요. ··▶ 107쪽

- 암석이 화학적인 작용으로 쪼개지는 것을 ⬤⬤ 풍화 작용이라고 해요. ··▶ 109쪽

4. 물질의 상태

- 물체를 이루고 있는 것을 ⬤ 이라고 해요. ································▶ 118쪽

- 일정한 형태와 부피를 유지하는 물질의 상태를 ⬤⬤ 라고 해요. ·······▶ 120쪽

- 물질의 세 가지 상태 중에서 담는 그릇에 따라 모양은 변하지만 부피는 변하지 않는 물질의 상태를 ⬤⬤ 라고 해요. ··▶ 122쪽

- 표면적을 작게 하기 위해 액체 분자들 사이에 작용하는 힘을 ◯◯◯이라고 해요. ········▶ 125쪽
- 물질의 세 가지 상태 중에서 일정한 모양과 부피를 갖지 않는 물질의 상태를 ◯◯라고 해요. ········▶ 127쪽
- 고체가 액체가 되거나 액체가 고체가 되는 온도를 녹는점(어는점), 액체가 기체가 되거나 기체가 액체가 되는 온도를 ◯◯◯이라고 해요. ········▶ 131쪽
- ◯◯는 지구의 중력이 물체를 끌어당기는 힘의 크기를 말해요. ········▶ 134쪽
- 물체가 차지하는 공간의 크기를 ◯◯라고 해요. ········▶ 137쪽

5. 소리의 성질

- ◯◯는 어떤 물질의 떨림이 주변 물질을 타고 퍼져 나가는 현상을 말해요. ····▶ 147쪽
- 일정한 시간 간격으로 움직임이 반복되는 운동을 ◯◯이라고 해요. ········▶ 149쪽
- ◯◯은 소리를 전달하는 물질을 말하는데, 그 종류에 따라 소리를 전달하는 속도가 달라요. ········▶ 152쪽
- 매질의 진동 방향과 파동의 진행 방향을 기준으로 하여 두 방향이 나란하면 ◯◯, 두 방향이 수직이면 횡파라고 해요. ········▶ 154쪽
- 소리는 진동으로서 소리가 난 주변의 ◯◯을 통해 전달돼요. ········▶ 156쪽
- 소리의 높낮이, 소리의 ◯◯, 음색을 소리의 3요소라고 해요. ········▶ 158쪽
- 소리의 ◯◯◯는 소리의 높고 낮음을 가리켜요. 높은 소리는 진동수가 크고, 낮은 소리는 진동수가 작아요. ········▶ 161쪽

- 소리의 ⬤⬤ 는 소리가 얼마나 큰 소리인지를 뜻해요. ················· ▶ 164쪽
- 저마다 다른 소리의 질을 ⬤⬤ 이라고 해요. ···················· ▶ 166쪽
- 소리는 딱딱한 물체를 만나면 일부는 물체를 지나가고, 일부는 ⬤⬤ 되거나 흡수돼요.
  ···················· ▶ 168쪽
- ⬤⬤ 은 소리가 새어 나가거나 들어오지 못하도록 막는 것을 말해요. ········ ▶ 171쪽

이미지 출처

- 30쪽 내셔널지오그래픽 에듀케이션(제인 구달과 데이비드 그레이비어드: https://education.nationalgeographic.org/resource/jane-goodall)
- 31쪽 내셔널지오그래픽 에듀케이션(침팬지를 관찰하고 있는 제인 구달: https://education.nationalgeographic.org/resource/jane-goodall)

초등 과학 진짜 문해력 3-2

초판 1쇄 발행 2023년 2월 10일
초판 3쇄 발행 2025년 6월 19일

지은이 • 김그린, 김도림, 김유종, 김희원, 심준보, 이명국, 이신엽, 조민호
그린이 • 최연지
펴낸이 • 황혜숙
편집 • 김현정, 신혜진
조판 • 이주니
펴낸곳 • (주)창비교육 | 등록 • 2014년 6월 20일 제2014-000183호 | 제조국 • 대한민국
주소 • 04004 서울특별시 마포구 월드컵로12길 7
전화 • 1833-7247 | 팩스 • 영업 070-4838-4938 | 편집 02-6949-0953
홈페이지 • www.changbiedu.com | 전자우편 • contents@changbi.com

ⓒ 김그린, 김도림, 김유종, 김희원, 심준보, 이명국, 이신엽, 조민호, 최연지 2023
ISBN • 979-11-6570-193-2 73400

* 이 책 내용의 전부 또는 일부를 재사용하려면 반드시 저작권자와 (주)창비교육 양측의 동의를 받아야 합니다.
* 책값은 뒤표지에 표시되어 있습니다. * KC마크는 이 제품이 공통안전기준에 적합하였음을 의미합니다.
* 사용 연령: 5세 이상 * 종이에 베이거나 긁히지 않도록 주의하세요.